# MANUEL PRATIQUE

## DU

# TRICOT

PAR

## M<sup>lle</sup> Agnès VERBOOM.

Illustré de gravures sur bois soigneusement exécutées.

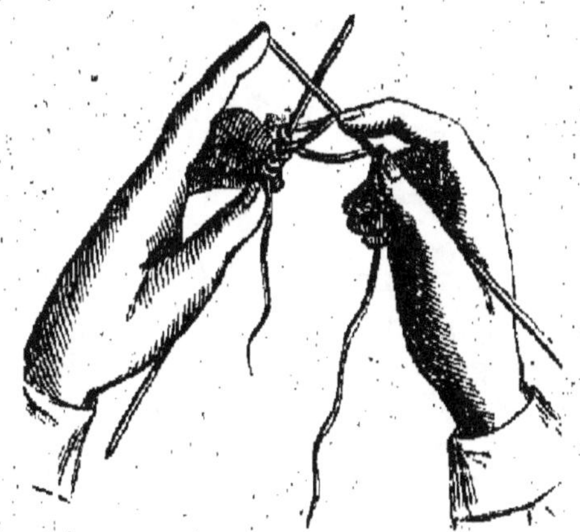

<table>
<tr><td>BRUXELLES.<br>BRUYLANT-CHRISTOPHE & C<sup>ie</sup>,<br>RUE BLAES, 33.</td><td>PARIS.<br>ADOLPHE GOUBAUD,<br>RUE DE RICHELIEU, 92.</td></tr>
</table>

# MANUEL PRATIQUE

# DU TRICOT.

*Déposé au vœu de la loi.*

# MANUEL PRATIQUE

## DU

# TRICOT

PAR

M<sup>me</sup> Agnès VERBOOM.

Illustré de gravures sur bois soigneusement exécutées.

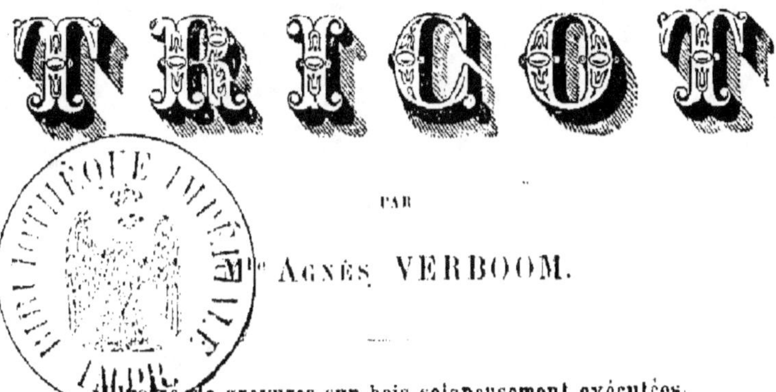

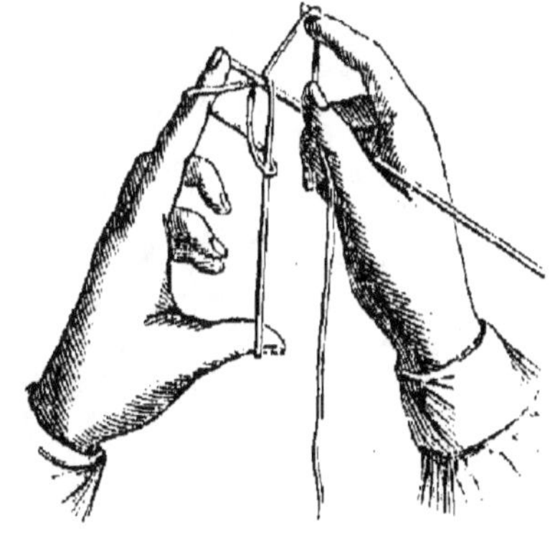



| BRUXELLES. | PARIS. |
|---|---|
| BRUYLANT-CHRISTOPHE & C<sup>ie</sup>, | ADOLPHE GOUBAUD, |
| RUE BLAES, 31. | RUE DE RICHELIEU, 92. |

C.

# INTRODUCTION.

Plusieurs manuels de tricot existent déjà dans toutes les langues de l'Europe; l'utilité de ce travail, la grande variété des objets que l'on peut confectiónner par son aide, la solidité de ses tissus si souples et si chauds, lui ont assuré une faveur que ni les caprices de la mode, ni les difficultés qu'on trouve parfois dans son exécution, ne sont parvenus à lui faire perdre.

Cependant, il nous a semblé que les ouvrages divers qui traitent de ce sujet pèchent tous, plus ou moins, par la base ; c'est-à-dire qu'ils négligent d'indiquer les premiers commencements du travail, et d'en expliquer les notions élémentaires aux personnes qui ne les connaissent point.. Nous nous proposons, dans ce manuel, de donner les explications les plus précises et les plus détaillées sur le point ordinaire du tricot, ainsi que sur tous les points de fantaisie qu'il nous a été possible de recueillir.

Nous n'avons pas la prétention de publier des points tout à fait inconnus et inédits ; nous nous sommes efforcée seulement de rassembler ici les tricots les plus jolis et les plus utiles ; il y en a d'anciens, mais il y en a aussi de très-nouveaux. Enfin, nous avons eu soin d'indiquer pour chaque tricot un emploi utile et de donner des modèles de tous les objets qu'il est possible de confectionner en ce genre d'ouvrage, soit pour la toilette, soit pour l'ameublement d'une maison. C'est pour cela que notre livre a le droit de s'appeler *Manuel pratique* et que nous espérons assurer son succès. Toutes les dames qui s'occupent de tricot reconnaîtront bientôt la véritable utilité de cette publication et les jeunes mères nous sauront gré d'avoir réservé une place considérable aux objets qui composent la layette d'un nouveau-né.

Les dessins qui accompagnent le texte ont été exécutés avec le plus grand soin et rendront leurs explications beaucoup plus faciles à comprendre.

Enfin, nous pouvons assurer à nos lectrices que nous ne publions pas un seul point qui n'ait été essayé par nous-même et qui, par conséquent, ne soit faisable.

Agnès Verboom.

# MANUEL PRATIQUE DU TRICOT.

## INSTRUCTIONS PRÉLIMINAIRES.

Avant de donner les explications des différents tricots que nous avons rassemblés dans ce petit volume, nous allons essayer de bien faire comprendre la manière dont on forme le point, ainsi que tous les procédés qu'il est indispensable de connaître avant de pouvoir entreprendre un ouvrage de ce genre.

Pour faire du tricot, il faut se procurer des aiguilles, soit en acier, soit en ivoire ou en buis ; leur grosseur dépendra de la qualité du tissu qu'on voudra confectionner. Les matériaux dont on forme les tissus au tricot, sont le fil, le coton, la laine et la soie,

Nous avons indiqué, à chaque ouvrage, le numéro des aiguilles et la qualité du coton ou de la laine ; on pourra se faire une idée exacte de la grosseur des aiguilles en consultant la filière représentée ici :

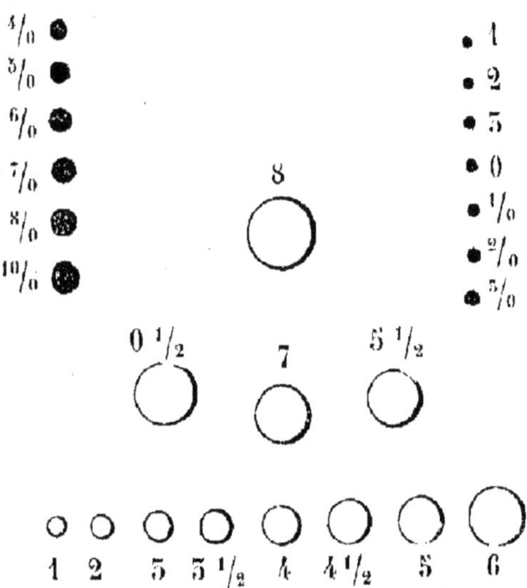

Dans la représentation de cette filière, les ronds noirs signifient les aiguilles d'acier, et les ronds blancs les aiguilles de buis. On trouvera ces aiguilles, ainsi que tous les matériaux indiqués dans ce Manuel, chez madame Marie Soudant, au magasin de *la Religieuse*, 245, rue Saint-Denis, à Paris.

La première chose à faire, en commençant un tricot, c'est de monter les mailles ; cela se fait de la manière suivante :

Tenez le brin de fil entre l'index et le doigt du milieu de la main gauche, jetez-le au-dessus du pouce et de l'index, et cour-

bez ce dernier de manière à former une bouclette avec le fil ;
faites passer l'aiguille dans la bouclette ; tenez le coton attaché
à la bobine entre l'annulaire et le petit doigt, et sur le bout de

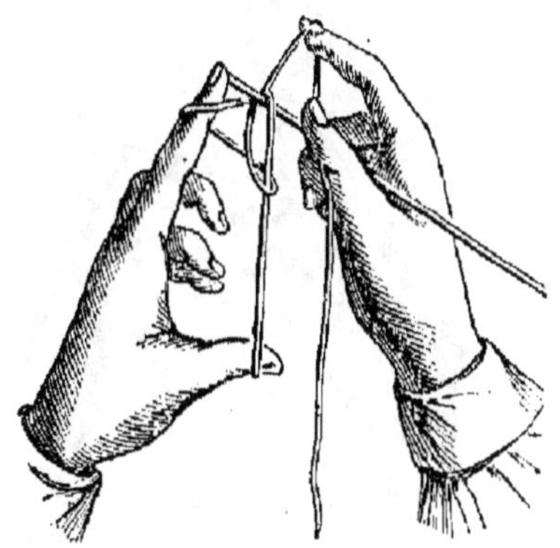

l'index ; puis, par un très-léger mouvement, passez le fil autour
de l'aiguille ; abaissez l'aiguille vers vous, et serrez la bouclette
sur le doigt de la main gauche, en la laissant glisser à bas de
l'aiguille pour former *la première maille.*

Prenez dans la main gauche une aiguille que vous passerez
dans la bouclette, et une autre aiguille dans la main droite.
Observez la position des mains. On tient l'aiguille de la main
gauche entre le pouce et le troisième doigt, laissant ainsi l'index libre pour s'aider à faire mouvoir les pointes des aiguilles.
C'est dans cette manière de se servir de son index que consiste
le grand secret de pouvoir tricoter sans regarder son ouvrage ;
le sens du toucher de ce doigt est si délicat, qu'il vous avertira,

après un peu d'expérience, de ce que vous avez à faire, sans le secours de vos yeux; le tricot devient alors un travail purement machinal. La gravure ci-dessous représente la manière dont l'aiguille de la main droite doit se tenir :

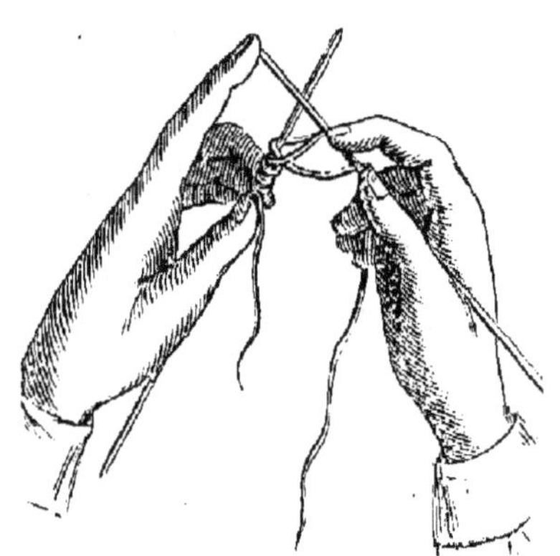

Insérez-en la pointe dans la bouclette, la faisant passer derrière l'autre aiguille, tournez le fil autour, ramenez la pointe de l'aiguille de la main droite par devant, sous la maille, amenant avec elle le brin de fil que vous avez tourné autour et qui, à son tour, devient maille; abaissez l'aiguille de la main gauche, et passez cette maille pardessus. Vous aurez deux mailles sur l'aiguille de la main gauche; répétez cette opération jusqu'à ce que vous ayez un nombre suffisant de mailles sur votre aiguille.

*Tricot ordinaire* ou *simple*, dit aussi *mailles unies* ou *à l'endroit*. Glissez la pointe de l'aiguille de la main droite dans la première maille de l'aiguille de la main gauche, en la faisant passer derrière celle-ci, passez le fil par devant et, avec l'index, poussez la pointe de l'aiguille sous la maille en formant une nouvelle maille avec le fil que vous avez passé par devant, ainsi que nous l'avons indiqué plus haut en vous apprenant à monter vos mailles ; seulement, au lieu de faire revenir la maille sur l'ai-

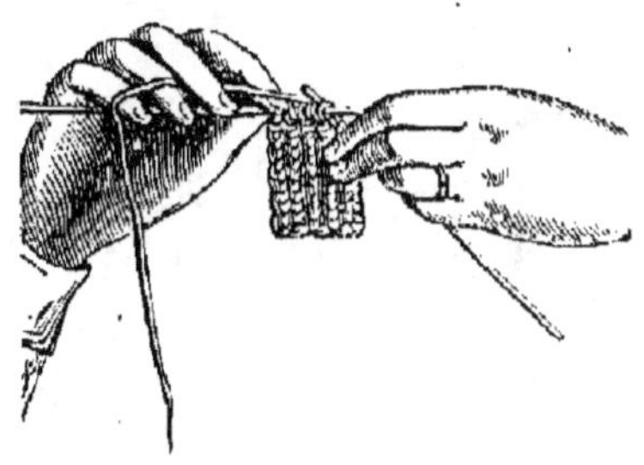

guille de la main gauche, enlevez de cette aiguille la maille où vous venez de passer la pointe de l'aiguille de la main droite et laissez sur cette dernière la maille que vous venez de former. Continuez de la même manière jusqu'à ce que vous ayez repris toutes les mailles de l'aiguille de gauche et que vous en ayez formé autant de nouvelles sur celle de droite.

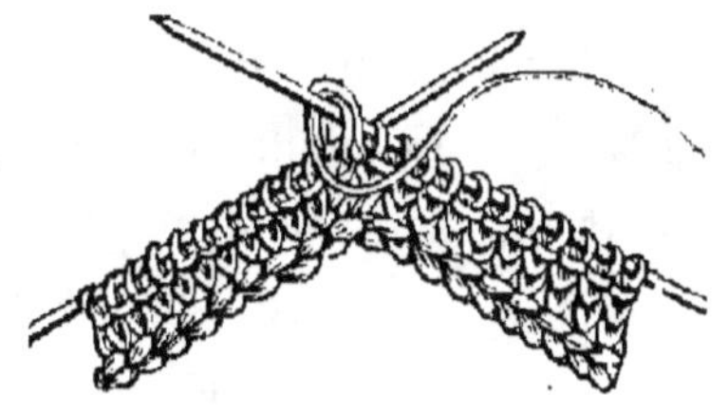

*Tricot à l'envers.* On insère la pointe de l'aiguille de la main droite *devant* au lieu de derrière l'aiguille de la main gauche ;

pour le reste on forme la maille de la même manière que dans le tricot ordinaire. Avant de commencer une *maille à l'envers,* on passe toujours le fil devant l'aiguille, à moins qu'il ne soit expressément dit de ne pas le faire, et si c'est une maille à l'endroit qui suit, on repasse le fil en arrière après la maille à l'envers.

*Mailles augmentées.* — Pour augmenter d'une maille, il suffit de jeter le fil une fois sur l'aiguille; si l'on veut augmenter de plusieurs mailles, on jette le fil plusieurs fois. Lorsque l'on doit

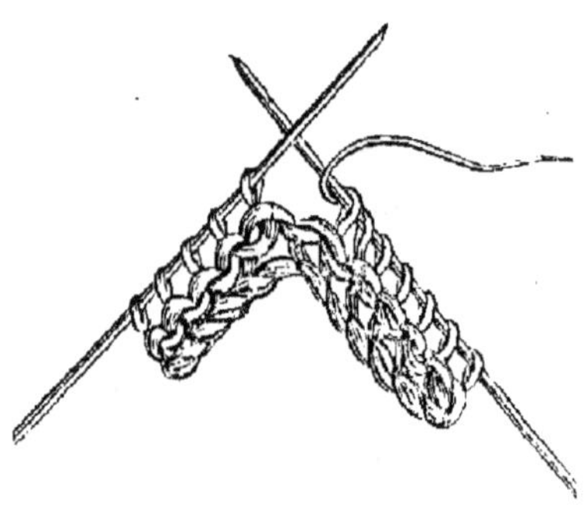

augmenter après avoir fait une maille à l'envers, il faut tourner le fil tout à fait autour de l'aiguille. Il en est de même lorsque la maille *qui va suivre* est à l'envers.

*Mailles rétrécies.* — On peut faire les diminutions de deux manières : la première consiste simplement à prendre deux mailles sur l'aiguille et à les tricoter ensemble comme si elles n'en formaient qu'une seule. Cela s'appelle faire *une rétrécie.* La seconde manière est un peu plus compliquée; on prend une maille sans la tricoter, on tricote la maille suivante et on fait passer la maille non tricotée par-dessus celle tricotée. On appelle cela faire une *rétrécie surjetée*; c'est ce dernier procédé que représente la gravure ci-dessous :

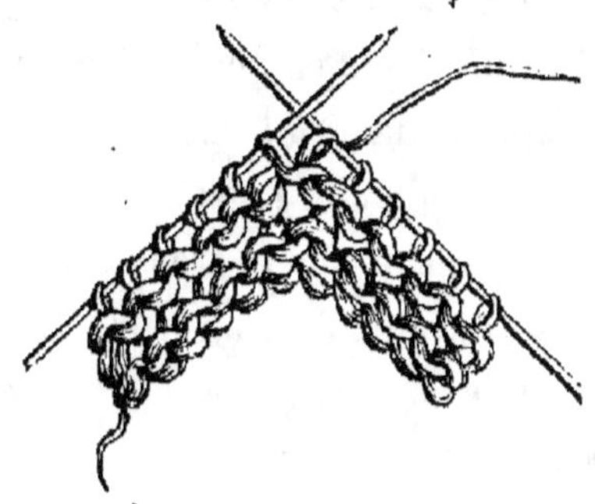

Lorsqu'on veut diminuer deux mailles à la fois, on procède quelquefois de la manière suivante : on prend une maille sans la tricoter, on tricote ensuite deux mailles ensemble, puis on fait passer la maille non tricotée par-dessus celle rétrécie, nous avons nommé cela une *double rétrécie surjetée*.

*Manière de tricoter en rond.* — Pour tricoter en rond, il faut se servir de quatre ou de cinq aiguilles; c'est ainsi qu'on tricote les bas, les chaussettes, les fonds de bonnet, etc. Montez le nombre de mailles données sur une aiguille, puis passez une seconde aiguille dans la dernière maille et montez d'autres mailles sur cette aiguille; faites de même pour la troisième aiguille. Lorsque toutes vos mailles sont montées, tricotez les deux premières sur la dernière aiguille.

*Manière de rabattre les mailles.* — Tricotez deux mailles, et, avec l'aiguille de la main gauche, jetez la première par-dessus la seconde ; tricotez encore une maille et répétez le même procédé. Observez que le dernier tour de tricot, avant de rabattre, doit se faire très-lâchement.

*Relever une maille.* — C'est prendre avec l'aiguille le fil qui se trouve entre deux mailles et en former une maille.

D'après ces explications et à l'aide des dessins, nous pensons qu'il sera facile de reproduire les objets en tricot, ainsi que les différents points que nous allons proposer.

Il faut seulement avoir soin d'assortir sa laine ou son coton aux aiguilles dont on se sert; sans cela le travail devient inévitablement irrégulier et sans grâce.

# PREMIÈRE PARTIE.

## OBJETS DE LAYETTE.

On peut faire au tricot un grand nombre de vêtements d'enfants. Rien n'est mieux adapté à envelopper un nouveau-né que ce tissu si chaud, si souple et si doux. Nous commençons par quelques instructions pour *langes,* comme étant ce qu'il y a de plus utile et de plus facile à faire.

### LANGES.

Il faut, pour les langes, un tricot uni ; mais, afin qu'ils soient plus souples et qu'ils ne se rétrécissent pas, on fait des mailles à l'envers et des mailles à l'endroit, en les contrariant, ainsi que nous allons l'indiquer.

2

Prenez de la laine de Saxe cinq fils et deux aiguilles en buis nº 5. Montez 80 mailles pour la largeur du lange. Faites alternativement 2 mailles unies et 2 mailles à l'envers. A chaque tour, contrariez les mailles. Cela se fera de soi-même si vous commencez toujours par 2 mailles unies.

On peut aussi faire alternativement 1 maille à l'envers et 1 maille à l'endroit, ce qui produit un joli petit dessin ; ou bien encore, alterner les mailles à l'endroit et à l'envers, mais toujours en les contrariant de trois en trois.

Le *tricot diagonal* est aussi très-joli pour langes. On fait le premier tour en alternant 2 mailles unies avec 2 mailles à l'envers. Au second tour, on fait 1 maille à l'envers seulement; les autres, on les tricote alternativement 2 unies et 2 à l'envers, ce qui fait que l'on tricote, à l'endroit, une maille qui était unie et une qui était à l'envers ; et puis, à l'envers, une maille qui était à l'envers et une maille qui était à l'endroit. Au commencement de chacun des tours suivants, on doit s'arranger de manière que la première maille unie soit d'une maille au delà de la première maille unie du tour précédent. Cela devient bientôt très-facile, parce que les mailles ainsi disposées forment des *lignes diagonales* qu'on n'a plus qu'à suivre.

Quelle que soit la disposition des mailles que vous aurez adoptée, continuez à tricoter jusqu'à ce que vous ayez obtenu une longueur de 85 centimètres ; puis rabattez vos mailles, le lange est terminé.

## BRASSIÈRES.

Deux aiguilles en acier n° 14 ; coton mouliné 4 fils.

Montez 225 mailles.

7 tours alternés à l'endroit et à l'envers, de manière à former un tricot uni.

1 tour à jours, c'est-à-dire 1 augmentée et 1 rétrécie alternées.

7 tours unis.

Pliez le tricot, relevez les mailles que vous avez montées au commencement, et tricotez-les avec celles du dernier tour ; le tour à jours se trouvera plié en deux, cela formera une bordure double et dentelée.

1er *tour*, au-dessus de la bordure ; tout à l'endroit.

2e *tour*. A l'envers.

3e *tour*. A l'endroit.

4e *tour*. 5 m. à l'endroit, 5 à l'envers. Répétez.

5e *tour*. 5 m. à l'envers, 5 à l'endroit. Répétez.

6e *tour*. 5 m. à l'endroit, 5 à l'envers. Répétez.

7e *tour*. Comme le dernier. (Cela contrarie les mailles.)

8e *tour*. Comme le 5e.

9e *tour*. Comme le 6e.

Continuez ainsi en alternant les 5 mailles à l'endroit et les 5 mailles à l'envers, et en les contrariant à tous les trois tours. Cela forme un petit quadrillé.

Lorsque vous aurez complété 95 tours, divisez vos mailles en trois parties. Mettez-en 69 de chaque côté et 87 au milieu.

*Pour le côté droit.* Il faut toujours continuer le petit dessin quadrillé. (Enfilez les 87 mailles du milieu et les 69 du côté gauche sur un bout de gros fil afin qu'elles ne se dépassent pas.) Tricotez les 29 mailles du côté droit; faites 12 tours en diminuant d'une maille à tous les trois tours, du côté gauche du tricot, c'est-à-dire du côté où se trouvent les mailles laissées à part.

21 tours sans diminuer.

Rabattez 59 mailles et laissez-en 50 pour l'épaulette.

Tricotez ces 50 mailles, 12 tours, en diminuant d'une maille au commencement de chaque tour du côté où vous avez rabattu les mailles.

24 tours sans diminuer.

Rabattez vos mailles.

*Pour le côté gauche.* Prenez les 69 mailles du côté gauche. Tricotez 9 tours, en diminuant d'une maille au commencement de tous les trois tours, du côté où se trouvent les mailles laissées à part pour le milieu.

21 tours sans diminuer.

Tricotez 50 mailles, laissez-en 59.

Avec ces 50 mailles faites 12 tours en diminuant d'une maille à la fin de chaque tour, du côté où vous avez les 59 mailles.

24 tours sans diminuer.

Rabattez vos mailles.

*Pour le milieu.* Prenez les 87 mailles que vous avez laissées au milieu. Tricotez 9 tours en diminuant d'une maille au commencement et à la fin de tous les trois tours.

24 tours sans diminuer.

Prenez 24 mailles des 87, du côté droit, et ôtez le reste.

Tricotez 12 tours, en diminuant d'une maille à la fin de chaque tour, du côté des mailles laissées.

24 tours sans diminuer.

Rabattez vos mailles.

Prenez 24 mailles de l'autre côté des 87.

Tricotez 12 tours en diminuant d'une maille au commencement de chaque tour du côté des mailles laissées.

24 tours sans diminuer.

Vos épaulettes sont maintenant formées, attachez-les dans le haut par un point de couture.

Prenez une aiguille et relevez 69 mailles du côté droit, puis 18 mailles le long des tours formant l'épaulette, de chaque côté, 59 mailles laissées au milieu, 18 mailles le long de chaque côté des tours formant la seconde épaulette, enfin 69 mailles du côté gauche ; vous aurez en tout 249 mailles sur l'aiguille. On peut les diviser sur deux ou trois aiguilles pour travailler avec plus de facilité.

Faites 1 tour tout à l'endroit et un tour tout à l'envers.

3ᵉ *tour.* 7 mailles à l'endroit, 1 augmentée, 1 rétrécie. Répétez.

1 tour à l'envers.

1 tour à l'endroit.

Rabattez vos mailles.

*Pour chaque manche.*

Montez 60 mailles.

7 tours tricot uni.

1 tour de jours.

7 tours tricot uni.

Pliez le tricot et tricotez les premières mailles montées avec celles du dernier tour.

Faites ensuite 18 tours en formant le même quadrillé que pour le corps de la brassière.

50 tours en augmentant d'une maille au commencement et à la fin de tous les deux tours.

50 tours sans augmenter.

1 tour en augmentant d'une maille au commencement et à la fin.

14 tours sans augmenter.

15 tours en augmentant d'une maille au commencement et à la fin de tous les deux tours.

18 tours en diminuant d'une maille au commencement et à la fin de chaque tour.

Rabattez vos mailles.

Ayant terminé vos deux manches, fermez-les par un point de couture, en commençant au 19ᵐ tour après la bordure. Attachez-les aux entournures.

Ajoutez un bouton et une clichette à chaque poignet et passez un ruban de fil dans le tour à jours du haut, autour de l'encolure.

## CAPELINE.

Laine de Saxe 4 fils bleue et blanche; aiguilles en buis n° 5.

Montez 54 mailles avec la laine bleue, pour le fond.

1 tour à l'endroit.

5 tours à l'envers.

5 tours à l'endroit.

1 tour à l'envers.

Faites ensuite le *point de riz*, expliqué à la page 109.

Diminuez d'une maille au commencement et à la fin de tous les deux tours, jusqu'à ce qu'il ne vous reste plus que 18 mailles sur l'aiguille. Rabattez vos mailles.

Prenez la laine blanche et montez 120 mailles.

5 tours unis.

8 tours point de riz.

1 tour à l'endroit, un tour à l'envers et rabattez.

Cela forme une bande qu'on coud à l'envers sur le devant de la capeline et qui se rabat par dessus.

Pour le bavolet, 16 tours point de riz, 5 tours unis.

Froncez légèrement la partie du fond où vous avez diminué.

Attachez-y le bavolet, ainsi qu'aux deux bouts de la bande blanche qui dépassent de chaque côté. Faites un point de chaînette en laine bleue au crochet autour de la bande et du bavolet. Passez une petite cordelière en laine dans le dernier tour point de riz du fond et liez-en les bouts par derrière.

## BONNET.

Quatre aiguilles en acier nᵒ 1 ; fil d'Irlande nᵒ 80).

Montez 9 mailles; 5 sur chacune de deux aiguilles. Formez un rond en tricotant la première maille avec la dernière aiguille. Tricotez en rond.

1ᵉʳ *tour.* 1 augmentée, 1 unie. Répétez.

2ᵉ *tour.* 1 augmentée, 2 unies. Répétez.

3ᵉ *tour.* 1 augmentée, 3 unies. Répétez.

4ᵉ *tour.* 1 augmentée, 4 unies. Répétez.

5ᵉ *tour.* 1 augmentée, 5 unies. Répétez.

6ᵉ *tour.* 1 augmentée, 2 unies, 1 augmentée, 1 rétrécie, 2 unies. Répétez.

7ᵉ *tour*. 1 augmentée, 5 unies, 1 augmentée, 1 rétrécie, 2 unies. Répétez.

8ᵉ *tour*. 1 augmentée, 2 unies, 1 augmentée, 1 rétrécie, 1 augmentée, 1 rétrécie, 2 unies. Répétez.

9ᵉ *tour*. 1 augmentée, 5 unies, 1 augmentée, 1 rétrécie, 1 augmentée, 1 rétrécie, 2 unies.

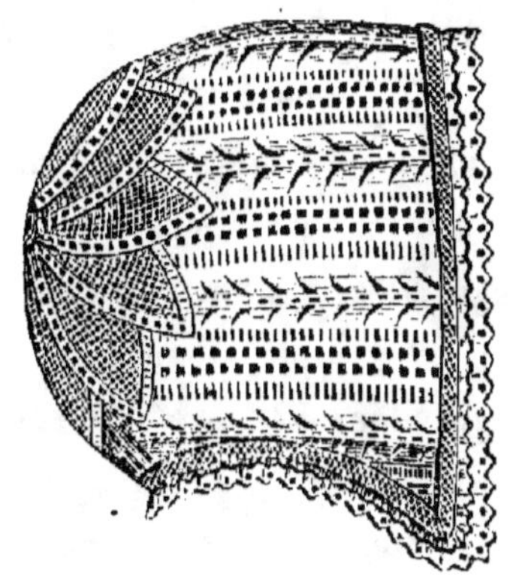

10ᵉ *tour*. 1 augmentée, 2 unies, 1 augmentée, 1 rétrécie, 1 augmentée, 1 rétrécie, 1 augmentée, 1 rétrécie, 2 unies. Répétez.

11ᵉ *tour*. 1 augmentée, 5 unies, 1 augmentée, 1 rétrécie, 1 augmentée, 1 rétrécie, 1 augmentée, 1 rétrécie, 2 unies. Répétez.

12ᵉ *tour*. 1 augmentée, 2 unies, 1 augmentée, 1 rétrécie, 1 augmentée, 1 rétrécie, 1 augmentée, 1 rétrécie, 1 augmentée, 1 rétrécie, 2 unies. Répétez.

13ᵉ *tour*. 1 augmentée, 2 unies, 1 augmentée, 1 rétrécie,

1 augmentée, 1 rétrécie, 1 augmentée, 1 rétrécie, 1 augmentée, 1 rétrécie, 2 unies. Répétez.

14<sup>e</sup> *tour.* 1 augmentée, 2 unies, 1 augmentée, 1 rétrécie, 1 augmentée, 1 rétrécie, 1 augmentée, 1 rétrécie, 1 augmentée, 1 rétrécie, 1 augmentée, 1 rétrécie, 2 unies.

15<sup>e</sup> *tour.* 1 augmentée, 5 unies, 1 augmentée, 1 rétrécie ; répétez 4 fois depuis * ; 2 unies, répétez depuis le commencement.

16<sup>e</sup> *tour.* 1 augmentée, 2 unies, * 1 augmentée, 1 rétrécie ; répétez 5 fois depuis * ; 2 unies. Répétez.

17<sup>e</sup> *tour.* 1 augmentée, 5 unies ; * 1 augmentée, 1 rétrécie ; répétez 5 fois depuis * ; 2 unies. Répétez.

18<sup>e</sup> *tour.* 1 augmentée, 2 unies, * 1 augmentée, 1 rétrécie ; répétez 6 fois depuis * ; 2 unies. Répétez.

19<sup>e</sup> *tour.* 1 augmentée, 5 unies ; * 1 augmentée, 1 rétrécie ; répétez 6 fois depuis * ; 2 unies. Répétez.

20<sup>e</sup> *tour.* 1 augmentée, 2 unies ; * 1 augmentée, 1 rétrécie ; répétez 7 fois depuis * ; 2 unies. Répétez.

21<sup>e</sup> *tour.* 1 augmentée, 5 unies ; * 1 augmentée, 1 rétrécie ; répétez 7 fois depuis * ; 2 unies. Répétez.

22<sup>e</sup> *tour.* 1 augmentée, 2 unies, * 1 augmentée, 1 rétrécie ; répétez 8 fois depuis * ; 2 unies. Répétez.

23<sup>e</sup> *tour.* 1 augmentée, 5 unies ; * 1 augmentée, 1 rétrécie ; répétez 8 fois depuis * ; 2 unies. Répétez.

24<sup>e</sup> *tour.* 1 augmentée, 2 unies ; * 1 augmentée, 1 rétrécie ; répétez 9 fois depuis * ; 2 unies. Répétez.

25<sup>e</sup> *tour.* 1 augmentée, 5 unies * ; 1 augmentée, 1 rétrécie ; répétez 9 fois depuis * ; 2 unies. Répétez.

26ᵉ *tour*. 1 augmentée, 2 unies, * 1 augmentée, 1 rétrécie; répétez 10 fois depuis * ; 2 unies. Répétez.

27ᵉ *tour*. 1 augmentée, 1 unie; * 1 augmentée, 1 rétrécie; 2 unies, 1 augmentée, 1 rétrécie; répétez 9 fois depuis * ; 2 unies. Répétez.

Cela termine l'étoile du fond, tricotez ensuite le dessin suivant.

1ᵉʳ *tour*. 5 rétrécies, 1 à l'envers, 5 rétrécies, * 1 augmentée, 1 unie, répétez 6 fois depuis * ; répétez depuis le commencement.

2ᵉ *tour*. Tout uni, à l'endroit.

3ᵉ et 4ᵉ *tours*. Semblables au 2ᵉ.

Répétez 5 fois ces quatre tours, puis rabattez 1 tiers des mailles, au milieu, pour le cou. Ensuite, comme vous ne tricoterez plus en rond, faites tous les deux tours à l'envers. Répétez le dessin jusqu'à ce que vous jugiez la passe assez longue.

Ce petit bonnet est très joli, garni d'une petite dentelle et doublé de taffetas rose ou bleu, avec rubans assortis.

## BAVETTE.

Deux aiguilles en acier nᵒ 14; coton mouliné 4 fils.

Montez 30 mailles. — Faites 6 tours unis; puis pour le dessin :

1ᵉʳ *tour*. 1 augmentée, 1 rétrécie. Répétez.

2ᵉ *tour*. Tout à l'endroit.

3ᵉ *tour*. Tout à l'envers.

4ᵉ *tour*. Tout à l'endroit.

Répétez ces quatre tours, en augmentant au commencement et à la fin de chaque tour tout à l'endroit, jusqu'à ce que vous ayez 80 mailles sur l'aiguille.

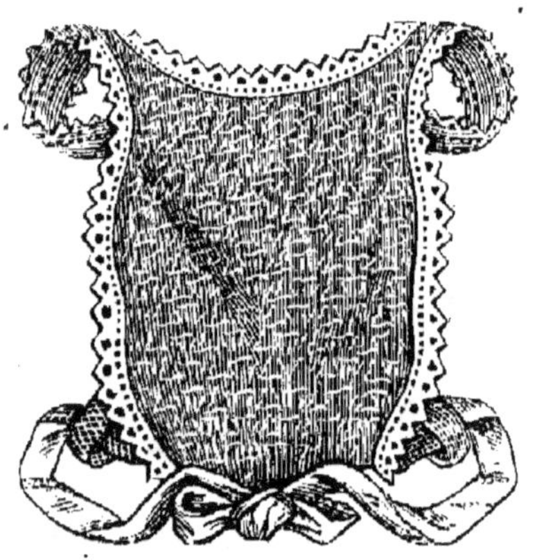

Otez 30 mailles de chaque bout de l'aiguille et enfilez-les sur un bout de gros fil ; rabattez les 20 mailles qui restent au milieu.

Prenez sur l'aiguille les 30 mailles laissées du côté droit et tricotez les quatre tours, du dessin en diminuant, à chaque tour à l'endroit, du côté de milieu de la bavette. Répétez jusqu'à ce que vous n'ayez plus que 8 mailles. Tricotez 50 tours unis, rabattez et attachez le bout au côté de la bavette, par derrière, pour former l'épaulette. Prenez alors les 30 mailles du côté gauche et formez cette seconde partie de la bavette comme le côté droit. Ajoutez une petite dentelle tout autour et un ruban pour nouer la bavette autour de la taille de l'enfant.

## CHAUSSON DE BABY.

### PREMIER MODÈLE. — TRICOT UNI.

Aiguilles en buis n° 2 ; laine mérinos n° 25.

Montez 66 mailles sur une seule aiguille.

1er *tour*. A l'endroit.

2e *tour*. 2 unies, 2 à l'envers. Répétez.

Répétez 7 fois ce dernier tour.

10e *tour*. A l'endroit.

11e *tour*. A l'envers.

Répétez 24 fois ces deux derniers tours, en les alternant.

4 tours unis.

Otez 22 mailles de chaque côté de votre aiguille, enfilez-les sur un bout de gros fil afin qu'elles ne se défassent pas.

Il vous reste 22 mailles au milieu, sur l'aiguille.

Tricotez-les en tours alternés à l'envers et à l'endroit jusqu'à ce que vous ayez fait 26 tours.

Rabattez ces 22 mailles.

Reprenez sur une aiguille les 22 mailles laissées d'un côté avec 13 mailles que vous relèverez le long des 26 tours du milieu, montez 15 mailles, vous aurez en tout 50 mailles sur l'aiguille.

Avec ces 50 mailles, tricotez 16 tours à l'endroit.

Ensuite diminuez d'une maille au commencement de chaque tour jusqu'à ce qu'il ne vous reste que 28 mailles sur l'aiguille. Rabattez ces 28 mailles.

Relevez les 15 mailles que vous aviez montées, tricotez 22 tours à l'endroit en augmentant d'une maille au commencement de chaque tour du côté du bout du pied, et du côté du cou-de-pied relevez une des mailles rabattues et tricotez-la avec la dernière des 15 mailles.

Lorsque vous aurez fait 22 tours de cette manière, diminuez d'une maille au commencement de chaque tour, du côté du bout de pied, jusqu'à ce qu'il ne reste que les 15 mailles; relevez alors 13 mailles le long de l'autre côté des 26 tours et reprenez les 22 mailles laissées au bas de la jambe; vous aurez encore 50 mailles sur votre aiguille.

Tricotez 16 tours à l'endroit, ensuite diminuez d'une maille au commencement de chaque tour jusqu'à ce qu'il ne vous reste plus que 28 mailles.

Rabattez ces 28 mailles.

Le chausson est fini, il ne reste plus qu'à le fermer en assemblant les deux côtés de la jambe et de la semelle. Il aura une très-bonne forme.

## CHAUSSON DE BABY.

### DEUXIÈME MODÈLE. — TRICOT ÉCAILLE.

Aiguilles en buis n° 2; laine mérinos bleue et blanche n° 25.

On commence par le pied.

Montez 50 mailles sur une seule aiguille, avec la laine blanche.

2 tours à l'endroit.

Attachez la laine bleue.

2 tours à l'endroit.

5e *tour*. 1 augmentée, avec la laine blanche, 5 unies en laine blanche; prenez, sans les tricoter, deux mailles bleues; faites toujours quatre mailles unies avec la laine blanche et 2 non tricotées en laine bleue, jusqu'au bout du tour.

6e *tour*. Prenez les mailles bleues sans les tricoter, et tricotez les mailles blanches à l'envers.

7e *tour*. Semblable au 5e.

8e *tour*. Semblable au 6e.

9e et 10e *tours*. Toutes les mailles tricotées à l'endroit avec la laine bleue.

11e *tour*. 1 augmentée et 5 unies, avec la laine blanche; prenez 2 mailles bleues sans les tricoter. Faites toujours 4 mailles unies en laine blanche, et prenez sans tricoter 2 mailles en laine bleue jusqu'à la fin du tour.

Tricotez encore 5 tours pour finir cette rangée d'écailles, en augmentant tous les deux tours d'une maille pour le bout de pied.

2 tours unis en laine bleue.

Encore une rangée d'écailles, seulement en prenant sans les tricoter les deux mailles qui se trouvent au centre des écailles précédentes de manière que ces écailles soient contrariées.

2 tours unis en laine bleue.

Tricotez les 16 premières mailles, du côté des augmentations.

Otez toutes les autres et enfilez-les sur un fil.

Faites, avec les 16 mailles, 6 rangées d'écailles divisées par 2 tours unis en laine bleue. Ces écailles doivent toujours être contrariées. Cela fera en tout 56 tours.

Montez alors 25 mailles sur la même aiguille avec les 16 que vous avez déjà. Tricotez en diminuant d'une maille à tous les deux tours, du côté du bout de pied.

2 tours unis en laine bleue.

5 rangées d'écailles, séparées par 2 tours bleu uni. Vous aurez 50 mailles sur votre aiguille, comme au commencement.

2 tours unis en laine bleue sans diminution.

2 tours unis en laine blanche sans diminution.

Rabattez vos mailles.

Relevez 12 mailles le long des augmentations pour le bout de pied. Tricotez 12 tours unis,

Ce petit morceau de tricot qu'on ajoute donne une forme beaucoup meilleure au chausson.

Relevez ensuite 18 mailles le long du bout de pied, sur une

aiguille, 25 mailles de chaque côté sur deux autres aiguilles et tricotez en rond.

Faites deux tours unis et rabattez.

Reprenez toutes vos mailles, mais en dedans, sous ces deux tours unis.

Tricotez les 18 mailles du milieu à part.

1er *tour.* 1 unie, 1 non tricotée, faites passer la maille non tricotée, en arrière, sur celle tricotée, 2 unies, 1 augmentée, 1 unie, 1 augmentée, 1 rétrécie. Répétez.

2e *tour.* Tout à l'envers.

Répétez ces deux tours alternativement, en prenant à chaque tour une des mailles de côté avec la dernière du cou-de-pied et les tricotant ensemble, jusqu'à ce que vous ayez fait 16 tours.

Vous aurez diminué de 8 mailles de chaque côté; mettez alors sur une seule aiguille toutes les mailles de côté qui restent faites un tour de 1 unie, 1 augmentée, terminez par 1 unie; puis un tour où vous ferez 1 à l'envers au commencement et 1 à la fin; toutes les autres mailles rétrécies à l'envers.

Répétez ces deux tours alternativement jusqu'à ce que vous ayez obtenu une hauteur suffisante pour la jambe. Rabattez les mailles. Vous n'aurez plus qu'à fermer la semelle par un point de couture.

## CHAUSSON DE BABY.

TROISIÈME MODÈLE. — TRICOT QUADRILLÉ.

Aiguilles de buis n° 2 ; laine mérinos n° 25.

On commencera par la jambe.

Montez 52 mailles sur une seule aiguille. Tricotez 10 tours alternativement à l'envers et à l'endroit de manière à former des côtes.

11° *tour.* 1 augmentée, 1 rétrécie. Répétez.

4 tours à côtes ; ôtez 9 mailles de chaque côté de votre aiguille, enfilez-les sur un bout de fil.

Il vous reste 39 mailles sur l'aiguille.

16° *tour.* A l'envers.

17° *tour.* A l'endroit.

18° *tour.* 2 unies, 1 non tricotée. Répétez. Terminez par 3 unies.

19° *tour.* 3 à l'envers, * 1 non tricotée, 2 à l'envers. Répétez depuis *.

20° *tour.* Semblable au 18°.

21° *tour.* Semblable au 19°.

22° *tour.* Tout à l'envers.

23° *tour.* Tout à l'endroit.

24° *tour.* 1 non tricotée, 2 unies. Répétez. Terminez par 1 unie.

25° *tour.* 1 à l'envers, * 1 non tricotée, 2 à l'envers. Répétez depuis *.

26e *tour*. Semblable au 24e.

27e *tour*. Semblable au 25e.

Répétez encore une fois depuis le 16e tour.

40e *tour*. Tout à l'envers.

41e *tour*. Tout à l'endroit. Prenez-en 11 de chaque côté. Divisez vos mailles sur deux autres aiguilles. Gardez 12 mailles sur l'aiguille du milieu.

Tricotez 22 tours avec les 12 mailles du milieu; au commencement de chaque tour prenez une maille de côté avec la dernière maille de l'aiguille du milieu et tricotez-les ensemble. Cela forme le talon.

Réunissez maintenant par un point de couture les deux côtés des 15 tours, tricotés en premier lieu pour la jambe.

Pour former la semelle, commencez par diviser les douze mailles du talon; prenez 6 mailles du talon, 8 mailles relevées sur le côté du talon, les 18 mailles que vous avez ôtées de la jambe, 9 de chaque côté, 8 mailles relevées de l'autre côté du talon et les 6 dernières du talon; vous aurez en tout 46 mailles sur votre aiguille.

Les côtés du tour formeront le centre du talon.

Tricotez le dessin depuis le 16e jusqu'au 39e tour, puis encore, depuis le 16e jusqu'au 32e tour; mais au commencement de tous les trois tours diminuez par une maille rétrécie, tout en conservant le dessin régulier.

Rabattez vos mailles.

Réunissez les côtés par un point de couture.

Divisez les mailles rabattues et cousez-les ensemble en ayant soin de faire venir la couture au milieu de la semelle.

Faites, autour de la jambe, une petite garniture au crochet.

*1ᵉʳ tour*. 1 barrette dans toutes les 5 mailles du tricot, séparée par 5 mailles chaînettes.

*2ᵉ tour*. 1 maille double au centre des chaînettes, 5 mailles chaînettes. Répétez.

Faites encore 2 tours semblables au dernier.

Ensuite faites 1 barrette au centre des 5 mailles de tricot, de manière qu'elle alterne avec les barrettes déjà faites, 5 mailles chaînettes. Répétez. Faites encore un tour comme le second.

Rabattez cette petite garniture sur la jambe. Passez un ruban dans le rang à jours, et faites-en passer les bouts par devant à travers le crochet.

## CHAUSSON DE BABY.

### QUATRIÈME MODÈLE. — TRICOT ÉCOSSAIS.

Aiguilles de buis nᵒ 2; laine mérinos nᵒ 25 de deux couleurs.

On commence par la jambe, que l'on tricote en rond afin d'éviter toute couture.

Montez lâchement 28 mailles sur chacune de trois aiguilles et unissez les mailles en tricotant à l'envers la première maille avec la quatrième aiguille.

*1ᵉʳ tour*. Tout à l'envers.

2<sup>e</sup> tour. 5 mailles unies*, 1 non tricotée, 1 rétrécie; rabattez la maille non tricotée sur celle rétrécie, 11 unies. Répétez depuis*, 5 fois. Terminez par 7 unies.

3<sup>e</sup> *tour*. Tout à l'endroit.

4<sup>e</sup> *tour*. 1 augmentée, 4 unies, 1 non tricotée, 1 rétrécie; rabattez celle non tricotée sur celle rétrécie, 4 unies, 1 augmentée, 1 unie. Répétez.

5<sup>e</sup> *tour*. Tout à l'endroit.

6<sup>e</sup> *tour*. Semblable au 4<sup>e</sup>.

7<sup>e</sup> *tour*. Tout à l'endroit.

8<sup>e</sup> *tour*. 4 unies, * 1 non tricotée, 1 rétrécie, rabattez la maille non tricotée sur celle rétrécie, 9 unies. Répétez depuis*. Terminez par 5 unies.

9<sup>e</sup> *tour*. 5 unies, * 1 non tricotée, 1 rétrécie, rabattez la maille non tricotée sur celle rétrécie, 7 unies. Répétez depuis*. Terminez par 4 unies.

Vous aurez 48 mailles sur l'aiguille.

Attachez la laine blanche.

10ᵉ *tour.* Tout à l'endroit.

11ᵉ, 12ᵉ et 13ᵉ *tours.* Tout à l'envers.

Au bout du dernier tour, mettez la dernière maille sur la première aiguille, et puis retournez et tricotez sur la dernière aiguille. Vous tricoterez alors en sens contraire.

14ᵉ, 15ᵉ et 16ᵉ *tours.* Tout à l'envers.

17ᵉ *tour.* 1 augmentée, 2 unies, 1 non tricotée, 1 rétrécie, rabattez la maille non tricotée sur celle rétrécie, 2 unies, 1 augmentée, 1 unie. Cette unie doit toujours se trouver au-dessus de la maille unie des tours précédents.

18ᵉ *tour.* Tout à l'endroit.

Répétez deux fois ces deux derniers tours.

Recommencez au 14ᵉ tour. Répétez 2 fois ces 9 derniers tours.

41ᵉ et 42ᵉ *tours.* Tout à l'envers.

43ᵉ *tour.* Tout à l'endroit.

44ᵉ *tour.* 1 augmentée, 1 rétrécie, 1 unie, 1 augmentée, 1 rétrécie, 1 unie, 1 augmentée, 2 unies, 1 augmentée, 2 unies, 1 augmentée, 2 unies, 1 augmentée, 2 unies, 1 augmentée, 2 unies, 1 augmentée, 2 unies, 1 augmentée, 2 unies, 1 augmentée, 2 unies, 1 augmentée, 2 unies, 1 augmentée, 1 rétrécie, 1 unie, 1 augmentée, 1 rétrécie, 1 unie, 1 augmentée, 1 rétrécie, 1 unie, 1 augmentée, 1 rétrécie, 1 unie, 1 augmentée, 1 rétrécie, 1 unie, 1 augmentée, 1 rétrécie, 1 unie, 1 augmentée, 1 rétrécie, 1 unie.

45<sup>e</sup> *tour.* Tout à l'endroit.

46<sup>e</sup> et 47<sup>e</sup> *tours.* Tout à l'envers.

Pour monter le talon, tricotez les mailles de deux aiguilles seulement et laissez 16 mailles sur la troisième aiguille pour le devant.

1<sup>er</sup> *tour.* Prenez une maille de l'aiguille de droite, sans la tricoter; 1 unie, * 1 non tricotée, 5 unies. Répétez 8 fois depuis *, 1 non tricotée, 2 unies. Retournez et travaillez sur le tour précédent.

2<sup>e</sup> *tour.* 1 non tricotée, 1 augmentée, 1 à l'envers, * 1 non tricotée 8 à l'envers, répétez 8 fois depuis *, 1 non tricotée, 2 à l'envers. Retournez.

3<sup>e</sup> *tour.* 1 augmentée, 1 non tricotée, repassez le fil en arrière, 1 unie *, 1 non tricotée, 5 unies, répétez 8 fois depuis *, 1 non tricotée, 2 unies.

4<sup>e</sup> *tour.* Semblable au 2<sup>e</sup>. Dans ces quatre tours la même maille est toujours prise sans être tricotée.

5<sup>e</sup> *tour.* Passez la laine devant, 1 non tricotée, 40 à l'envers.

6<sup>e</sup> *tour.* Passez la laine devant, 1 non tricotée, repassez la laine en arrière, 40 unies.

7<sup>e</sup> *tour.* 1 non tricotée, 5 unies, répétez 8 fois, terminez par 1 non tricotée, 4 unies.

8<sup>e</sup> *tour.* Avec la laine en arrière prenez 1 maille sans la tricoter, passez la laine par devant, * 5 à l'envers, 1 non tricotée, répétez 8 fois depuis *, 4 à l'envers.

9<sup>e</sup> *tour.* Avec la laine par devant, prenez une maille sans la tricoter, repassez la laine en arrière, * 3 unies, 1 non tricotée, répétez 9 fois depuis *, 4 unies.

10e *tour.* Semblable au 8e.

11e *tour.* Semblable au 5e.

12e *tour.* Semblable au 6e.

Répétez depuis le premier tour jusqu'à la fin du onzième.

24e *tour.* 1 non tricotée, * 3 unies, 1 rétrécie, répétez 7 fois depuis *.

Ensuite pour former le talon, mettez toutes les mailles du dernier tour sur une seule aiguille, en laissant toujours les 16 mailles sur l'aiguille du devant.

Continuez à tricoter en allant et en revenant.

25e *tour.* 1 non tricotée, 22 unies, laissez 10 mailles sur l'autre aiguille.

26e *tour.* Prenez cette aiguille où il y a 10 mailles et tricotez les 23 autres mailles de la manière suivante : 1 non tricotée, 11 unies, 1 rétrécie, laissez 9 mailles.

27e *tour.* Prenez l'aiguille où vous avez laissé 9 mailles, prenez 1 maille sans la tricoter, 11 unies, 1 rétrécie. Retournez.

Faites encore 18 tours comme le dernier, en tricotant toujours ensemble la dernière maille et une des mailles laissées.

Vous aurez 13 mailles sur votre aiguille.

46e *tour.* 1 non tricotée, 4 unies, 1 rétrécie, 4 unies, 1 rétrécie. Ensuite pour former le côté du soulier, relevez 12 mailles du côté gauche le long des 24 tours de la manière suivante : laissez la laine derrière le tricot, insérez la pointe de l'aiguille dans la bride de la première maille et faites passer une petite boucle de la laine par devant; continuez ainsi jusqu'à ce que vous ayez formé 12 mailles.

Prenez une autre aiguille et mettez-y les 16 mailles que vous aviez laissées pour le devant ; puis avec une troisième aiguille, relevez 12 mailles ainsi qu'il a été expliqué, du côté droit des 24 tours, et, avec la même aiguille tricotez 6 mailles de dessus la première aiguille; la laine se trouvera au centre des tours unis du talon; sur la première aiguille il y aura 18 mailles, sur la seconde 16 mailles et sur la troisième 18. Tricotez alors en rond.

1er *tour.* 7 unies, 59 à l'envers, 6 unies.

2e *tour.* Semblable au dernier.

3e *tour.* 8 unies, * 1 non tricotée, 5 unies, répétez 8 fois depuis*. Terminez par 1 non tricotée, 7 unies.

4e, 5e et 6e *tours.* Semblables au dernier.

7e et 8e *tours.* Semblables au premier.

9e *tour* 10 unies, * 1 non tricotée, 5 unies, répétez 8 fois depuis*. Terminez par 1 non tricotée, 9 unies.

10e, 11e et 12e *tours.* Semblables au dernier.

13e et 14e *tours.* Semblables au premier.

15e, 16e, 17e et 18e *tours.* Semblables au troisième.

19e *tour.* Semblable au premier.

20e *tour.* 6 unies, 1 non tricotée, 1 rétrécie, rabattez la maille non tricotée sur celle rétrécie, 55 à l'envers, 1 non tricotée, 1 rétrécie, rabattez la maille non tricotée sur celle rétrécie, 5 unies.

21e *tour*. 8 unies, * 1 non tricotée, 5 unies, répétez 7 fois depuis *. Terminez par 1 non tricotée, 7 unies.

22e, 23e et 24e *tours*. Semblables au dernier.

25e *tour*. 8 unies, 53 à l'envers, 7 unies.

26e *tour*. 5 unies, 1 non tricotée, 1 rétrécie, rabattez la maille non tricotée sur celle rétrécie, 53 à l'envers, 1 non tricotée, 1 rétrécie, rabattez la maille non tricotée sur celle rétrécie, 4 unies.

27e *tour*. 8 unies, * 1 non tricotée, 5 unies, répétez 6 fois depuis *, 1 non tricotée, 7 unies.

28e, 29e et 30e *tours*. Semblables au dernier.

31e *tour*. 7 unies, 51 à l'envers, 6 unies.

32e *tour*. 4 unies, 1 non tricotée, 1 rétrécie, rabattez la maille non tricotée sur celle rétrécie, 51 à l'envers, 1 non tricotée, 1 rétrécie, rabattez la maille non tricotée sur celle rétrécie, 5 unies.

33e *tour*. 8 unies, * 1 non tricotée, 5 unies, répétez 5 fois depuis *, 1 non tricotée, 7 unies.

34e, 35e et 36e *tours*. Semblables au dernier.

37e *tour*. 6 unies, 29 à l'envers, 5 unies.

38e *tour*. 3 unies, 1 non tricotée, 1 rétrécie, rabattez la maille non tricotée sur celle rétrécie, 29 à l'envers, 1 non tricotée, 1 rétrécie, rabattez la maille non tricotée, 5 unies.

39e *tour*. 8 unies, * 1 non tricotée, 5 unies, répétez 4 fois depuis *, 1 non tricotée, 7 unies.

40e, 41e et 42e *tours*. Semblables au dernier.

43e *tour*. 5 unies, 1 non tricotée, 1 rétrécie, rabattez la maille non tricotée sur celle rétrécie, 25 à l'envers, 1 non tricotée, 1 rétrécie, rabattez la maille non tricotée sur celle rétrécie, 2 unies.

44e *tour.* 2 unies, 1 non tricotée, 1 rétrécie, rabattez la maille non tricotée sur celle rétrécie, 25 à l'envers, 1 non tricotée, 1 rétrécie, rabattez la maille non tricotée sur celle rétrécie, 1 unie.

45e *tour.* 6 unies, * 1 non tricotée, 5 unies, répétez 5 fois depuis *, 1 non tricotée, 5 unies,

46e, 47e et 48e *tours.* Semblables au dernier.

49e *tour.* 5 unies, 1 non tricotée, 1 rétrécie, rabattez la maille non tricotée sur celle rétrécie, 17 à l'envers, 1 non tricotée, 1 rétrécie, rabattez la maille non tricotée sur celle rétrécie, 2 unies.

Rabattez vos mailles et cousez-les ensemble pour former le bout du pied.

Il est bon de laver les chaussettes et de les faire sécher sur une forme. Ensuite, avec une aiguille à tapisserie et la laine de couleur on forme un point croisé au centre de chaque carreau. Passez un ruban dans le rang de jours et nouez une rosette sur le devant.

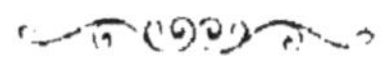

## CHAUSSON DE BABY.

### CINQUIÈME MODÈLE. — TRICOT MOUCHETÉ.

Aiguilles de buis nº 5; laine mérinos nº 25 de deux couleurs.

La plus grande partie de ce chausson se fait sur deux aiguilles, les autres ne servent que pour le pied.

Avec de la laine blanche, montez 60 mailles sur une aiguille, pour la jambe.

1ᵉʳ *tour*. 1 non tricotée, 1 unie * 2 à l'envers, 2 unies.

Répétez depuis *. Terminez par 2 à l'envers.

Tricotez 27 tours semblables au dernier.

29ᵉ *tour*. 1 augmentée, 1 rétrécie. Répétez.

Tricotez 3 tours semblables au premier.

33ᵉ *tour*. 1 augmentée, 1 rétrécie. Répétez.

34ᵉ et 35ᵉ *tours*. Semblables au premier.

36ᵉ *tour*. 1 non tricotée, 49 à l'envers, laissez 10 mailles, retournez et travaillez sur les mailles à l'envers.

37ᵉ *tour*. 1 non tricotée, 39 unies; cela laisse 10 mailles au bout opposé aux 10 autres mailles laissées.

38ᵉ *tour*. 1 non tricotée, 39 à l'envers. Mettez les 10 mailles d'une part et les dix mailles d'autre part sur une seule aiguille. Elles sont pour le cou-de-pied, et on les laisse jusqu'à ce que le talon soit formé.

Répétez 2 fois les 2 derniers tours.

45e *tour*. 1 non tricotée, 5 unies *, 1 à l'envers, 7 unies.

Répétez 5 fois depuis * 1 à l'envers, 5 unies.

Les mailles à l'envers servent à indiquer les endroits où les points en couleur doivent être brodés quand le chausson est terminé.

44e *tour*. 1 non tricotée, 59 à l'envers.  .

45e *tour*. 1 non tricotée, 59 unies.

46e *tour*. 1 non tricotée, 59 unies.

Répétez 2 fois ces deux derniers tours.

51e *tour*. 1 non tricotée, * 7 unies, à l'envers. Répétez 5 fois depuis * 7 unies.

52e *tour*. 1 non tricotée, 59 à l'envers.

55e *tour*. 1 non tricotée, 59 unies.

54e *tour*. 1 non tricotée, 59 à l'envers.

55e *tour*. 1 non tricotée, 14 unies, 1 rétrécie, 2 unies, 1 rétrécie, 2 unies, 1 rétrécie, 15 unies.

56e *tour*. 1 non tricotée, 36 unies.

57e *tour*. 1 non tricotée, 12 unies, 1 rétrécie, 7 unies, 1 rétrécie, 15 unies.

58e *tour*. 1 non tricotée, 54 unies.

59e *tour*. 1 non tricotée, 10 unies, 1 rétrécie, 9 unies, 1 rétrécie, 2 unies. Retournez, en laissant 9 mailles sans les tricoter.

60e *tour*. 1 non tricotée, 12 unies, 1 rétrécie, 1 unie.

Retournez, en laissant 8 mailles sans les tricoter,

61e *tour*. 1 non tricotée, 15 unies. Tricotez ensemble la dernière maille et la première des mailles laissées de côté.

Tricotez 16 tours comme le dernier. Cela forme le talon.

Vous aurez 15 mailles sur l'aiguille. Avec cette même aiguille, relevez 13 mailles sur la lisière formée par les tours précédents ; ensuite avec une autre aiguille tricotez à l'endroit les 20 mailles laissées pour le devant ; prenez une troisième aiguille et relevez 15 mailles sur la lisière de l'autre côté ; puis, avec cette même aiguille, faites 5 mailles unies et 1 rétrécie sur les 15 mailles laissées pour le talon ; vous aurez 60 mailles sur les trois aiguilles.

Formez la semelle de la manière suivante.

1ᵉʳ *tour*. Tricotez la première maille au centre du talon à l'envers, toutes les autres mailles du tour à l'endroit.

Répétez ce dernier tour 7 fois.

9ᵉ *tour*. 1 à l'envers, 16 unies, * 1 à l'envers, 8 unies. Répétez 2 fois depuis *, 1 à l'envers, 15 unies.

Répétez ce dernier tour 9 fois.

19ᵉ *tour*. 1 à l'envers, 10 unies, 1 non tricotée, 1 rétrécie, rabattez la maille non tricotée sur celle rétrécie, 7 unies, 1 à l'envers, 8 unies, 1 à l'envers, 8 unies, 1 à l'envers, 7 unies, 1 non tricotée, 1 rétrécie, rabattez la maille non tricotée sur celle rétrécie, 10 unies.

Répétez 4 fois le premier tour.

24ᵉ *tour*. 1 à l'envers, 9 unies, 1 non tricotée, 1 rétrécie, rabattez la maille non tricotée sur celle rétrécie, 10 unies, 1 non tricotée, 1 rétrécie, rabattez la maille non tricotée sur celle rétrécie, 9 unies.

Répétez 4 fois le premier tour.

29ᵉ *tour*. 1 à l'envers, 8 unies, 1 non tricotée, 1 rétrécie,

rabattez la maille non tricotée sur celle rétrécie, 10 unies,
1 à l'envers, 8 unies, 1 à l'envers, 9 unies, 1 non tricotée, 1 rétrécie, rabattez la maille non tricotée sur celle rétrécie, 8 unies.

Répétez 3 fois le premier tour.

35e *tour.* 1 à l'envers, 7 unies, 1 non tricotée, 1 rétrécie,
rabattez la maille non tricotée sur celle rétrécie, 27 unies,
1 non tricotée, 1 rétrécie, rabattez la maille non tricotée sur
celle rétrécie, 7 unies.

Répétez 8 fois le premier tour.

37e *tour.* 1 à l'envers, 6 unies, 1 non tricotée, 1 rétrécie,
rabattez la maille non tricotée sur celle rétrécie, 5 unies,
1 à l'envers, 8 unies, 1 à l'envers, 8 unies, 1 à l'envers, 5 unies,
1 non tricotée, 1 rétrécie, rabattez la maille non tricotée sur
celle rétrécie, 6 unies.

Répétez 5 fois le premier tour.

41e *tour.* 1 à l'envers, 5 unies, 1 non tricotée, 1 rétrécie,
rabattez la maille non tricotée sur celle rétrécie, 25 unies ;
1 non tricotée, 1 rétrécie, rabattez la maille non tricotée sur
celle rétrécie, 5 unies.

Répétez 3 fois le premier tour.

45e *tour.* 1 à l'envers, 4 unies, 1 non tricotée, 1 rétrécie,
rabattez la maille non tricotée sur celle rétrécie, 6 unies,
1 à l'envers, 8 unies, 1 à l'envers, 5 unies, 1 non tricotée,
1 rétrécie, rabattez la maille non tricotée sur celle rétrécie,
4 unies.

46e *tour.* 1 à l'envers, le reste à l'endroit.

47e *tour.* 1 à l'envers, 4 unies, 1 non tricotée, 1 rétrécie, rabattez la maille non tricotée sur celle rétrécie, 17 unies, 1 non tricotée, 1 rétrécie, rabattez la maille non tricotée sur celle rétrécie, 4 unies.

*48ᵉ tour.* Semblable au *46ᵉ*.

*49ᵉ tour.* 1 à l'envers, 4 unies, 1 non tricotée, 1 rétrécie, rabattez la maille non tricotée sur celle rétrécie, 15 unies, 1 non tricotée, 1 rétrécie, rabattez la maille non tricotée sur celle rétrécie, 4 unies.

*50ᵉ tour.* Semblable au *46ᵉ*.

*51ᵉ tour.* 1 à l'envers, 4 unies, 1 non tricotée, 1 rétrécie, rabattez la maille non tricotée sur celle rétrécie, 4 unies, 1 à l'envers, 4 unies, 1 non tricotée, 1 rétrécie, rabattez la maille non tricotée sur celle rétrécie, 4 unies.

Cela termine la semelle.

Pour fermer le bout du pied, tricotez 5 mailles, retournez l'ouvrage à l'envers, placez les aiguilles l'une contre l'autre, et tricotez une maille de chaque aiguille ensemble comme une seule maille.

Arrêtez et coupez la laine.

Fermez la jambe par un point de couture.

Ajoutez une petite garniture au crochet autour du haut de la jambe.

*1ᵉʳ tour.* Avec la laine de couleur. 1 maille double au centre de chaque côté à l'endroit du tricot, 5 mailles chaînettes entre chaque maille double.

*2ᵉ tour.* Rabattez le premier tour sur la jambe, et travaillez encore sur le tricot, autour du haut de la jambe, 1 maille double au centre de chaque côté l'envers du tricot, 5 mailles chaînettes entre chaque maille double.

3<sup>e</sup> *tour*. Avec la laine blanche. 4 mailles chaînettes, 1 maille double dans la première ouverture de mailles chaînettes du second tour, 6 mailles chaînettes, 1 maille double dans la même ouverture. Répétez tout autour.

4<sup>e</sup> *tour*. Avec la laine de couleur. 1 maille double dans l'ouverture des 4 mailles chaînettes du tour précédent, * 5 mailles chaînettes, 1 maille double dans l'ouverture des 6 mailles chaînettes, 7 mailles chaînettes, 1 maille double dans la même ouverture, 5 mailles chaînettes, 1 maille double dans l'ouverture des 4 mailles chaînettes. Répétez tout autour depuis *.

Arrêtez et coupez la laine.

Rabattez cette garniture sur la jambe du chausson, et attachez-la sur le tricot par un point de couture en laine noire à toutes les deux dents du crochet.

Brodez ensuite le dessin moucheté de la manière suivante : Faites un point de chaînette sur chacune des mailles à l'envers en commençant au milieu du bout de pied. Ce point doit couvrir deux mailles du tricot en largeur, et trois mailles en hauteur. Répétez à chaque maille à l'envers, en amenant votre laine par-dessous de point en point ; ensuite avec la laine de couleur faites un même point en commençant une maille plus bas et en terminant à moitié du point noir.

Faites une petite cordelière en mailles chaînettes avec la laine de couleur double, passez-la dans les deux tours à jours, et terminez-la à chaque bout par un petit gland en laine.

5.

### CHAUSSON DE BABY.

SIXIÈME MODÈLE. — TRICOT TORSADE.

Aiguilles de buis nº 2; laine mérinos nº 25, rose et blanche.

Montez avec la laine blanche 16 mailles sur chacune de deux aiguilles et 18 mailles sur une troisième.

1er *tour.* 1 unie, 1 à l'envers. Répétez jusqu'au bout du tour. Tricotez encore 11 tours de la même manière.

13e *tour.* 1 augmentée, 1 rétrécie. Répétez.

Tricotez 5 tours comme le premier.

19e *tour.* Prenez 34 mailles sur une seule aiguille et tricotez-les en avant et en revenant, * 1 unie, 1 à l'envers, 8 unies, 1 à l'envers. Répétez depuis *. Terminez par 1 unie.

20e *tour.* 1 à l'envers, 1 unie, 8 à l'envers, 1 unie. Répétez. Terminez par 1 à l'envers.

Répétez le 19e et le 20e tour.

23e *tour.* 1 unie, 1 à l'envers, prenez une troisième aiguille et mettez-y 4 mailles, tricotez à l'endroit 4 mailles sur la première aiguille, puis tricotez les 4 sur la 3e aiguille, 1 unie. Répétez. Terminez par 1 unie.

24e *tour.* 1 à l'envers, 1 unie, 8 à l'envers. Répétez.

Terminez par 1 à l'envers.

Répétez le 19e et le 20e tour, 3 fois.

31e *tour.* Semblable au 23e.

32e *tour*. Semblable au 24e.

Répétez le 19e et le 20e tour, 5 fois.

Répétez le 23e et le 24e tour.

Répétez encore une fois le 19e et le 20e tour.

Otez 11 mailles de chaque côté, et tricotez les 12 mailles du milieu en allant et en revenant.

Au bout de chaque tour, prenez une des 11 mailles de côté et tricotez-la avec la dernière maille. Continuez à tricoter ainsi, jusqu'à ce que vous ayez rétréci toutes les mailles de côté.

Relevez 11 mailles, depuis la séparation du talon jusqu'au 19e tour, reprenez les 16 mailles que vous aviez laissées au 19e tour ; relevez 11 mailles de l'autre côté du talon, divisez les 12 mailles du talon, prenez-en 6 de chaque côté, et tricotez en allant et en reculant ; pendant quelques tours il vous faudra 5 aiguilles, les tours commenceront au centre des 12 mailles du talon.

Pour la jambe, tricotez de la manière suivante :

1er *tour*. 1 non tricotée, 8 unies, * 1 à l'envers, 8 unies, 1 à l'envers, 1 unie. Répétez 2 fois depuis *. Terminez par 8 unies.

2e *tour*. 1 non tricotée, 8 à l'envers, 1 unie, 8 à l'envers, 1 unie, 1 à l'envers. Répétez depuis *. Terminez par 8 à l'envers.

3e *tour*. Semblable au premier.

4e *tour*. Semblable au deuxième.

5e *tour*. 1 non tricotée, 6 unies, 1 rétrécie, * 1 à l'envers, 8 unies, 1 à l'envers, 1 unie. Répétez 2 fois depuis * ; terminez par 1 rétrécie, 6 unies.

6ᵉ *tour*. 1 non tricotée, 7 unies, * 1 unie, 8 à l'envers, 1 unie, 1 à l'envers. Répétez depuis * 2 fois, terminez par 8 à l'envers.

7ᵉ *tour*. 1 non tricotée, 7 unies, * 1 à l'envers, 8 unies, 1 à l'envers, 1 unie. Répétez 2 fois depuis * ; terminez par 8 à l'envers.

8ᵉ *tour*. Semblable au 6ᵉ.

9ᵉ *tour*. 1 non tricotée, 5 unies, 1 rétrécie, * 1 à l'envers, prenez une troisième aiguille et mettez 4 mailles dessus, tricotez, à l'endroit 4 mailles sur la première aiguille, puis les 4 mailles sur la troisième aiguille, 1 à l'envers, 1 unie. Répétez 2 fois depuis * ; terminez par 1 rétrécie, 6 unies.

10ᵉ *tour*. 1 non tricotée, 6 à l'envers, 1 unie, 8 à l'envers, 1 unie, 1 à l'envers. Répétez ; terminez 7 à l'envers.

Cela termine le dessin.

Répétez ces dix tours encore trois fois.

Diminuez, à chaque dessin, aux deux bouts du 5ᵉ tour, et au 9ᵉ tour, entre les mailles unies et les mailles qui forment le dessin, de chaque côté.

Pour la garniture autour du haut de la jambe, faites une maille double, au crochet, avec la laine rose, passez 3 mailles du tricot, faites 5 mailles chaînettes. Continuez tout autour de même.

2ᵉ *tour*. 1 maille double dans la maille du milieu des trois mailles chaînettes du tour précédent, 5 mailles chaînettes. Répétez.

3ᵉ *tour*. 1 maille double dans la maille du milieu des trois mailles du tricot que vous avez passées au premier tour.

Faites encore trois tours, sur ce dernier, semblables au second tour.

Un ruban passé dans le tour de tricot-à-jours, dont les bouts passent par la garniture au crochet et se nouent sur le devant, complète ce charmant petit chausson.

———

Nous ajoutons quelques jolis points-à-jours pour devant de chaussons de baby ou de chaussettes.

### POINT TULLE DE BRUXELLES.

1er *tour.* 1 augmentée, 1 unie, 1 augmentée, 1 unie, 1 non tricotée, 1 rétrécie, rabattez la maille non tricotée sur celle ré trécie, 1 unie. Répétez.

2e *tour.* A l'envers.

3e *tour.* 1 augmentée, 3 unies, 1 augmentée, 1 non tricotée, 1 rétrécie, rabattez la maille non tricotée sur celle rétrécie. Répétez.

4e *tour.* A l'envers.

5e *tour.* 1 unie, 1 non tricotée, 1 rétrécie, rabattez la maille non tricotée sur celle rétrécie, 1 unie, 1 augmentée, 1 unie, 1 augmentée. Répétez.

6e *tour.* A l'envers.

7e *tour.* 1 non tricotée, 1 rétrécie, rabattez la maille non tricotée sur celle rétrécie.

8e *tour.* A l'envers.

## POINT DE LOSANGES.

1er *tour*, 2 unies, 1 rétrécie, 1 augmentée, 1 unie, 1 augmentée, 1 rétrécie, 2 unies.

2e *tour*. A l'envers.

3e *tour*. 1 unie, 1 rétrécie, 1 augmentée, 3 unies, 1 augmentée, 1 rétrécie, 1 unie.

4e *tour*. A l'envers.

5e *tour*. 1 rétrécie, 1 augmentée, 5 unies, 1 augmentée, 1 rétrécie.

6e *tour*. A l'envers.

7e *tour*. 2 unies, 1 augmentée, 1 rétrécie, 1 unie, 1 rétrécie, 1 augmentée, 2 unies.

8e *tour*. A l'envers.

9e *tour*. 3 unies, 1 augmentée, 1 non tricotée, 1 rétrécie, rabattez la maille non tricotée sur celle rétrécie, 3 unies.

10e *tour*. A l'envers.

## POINT DE DENTELLE.

1er *tour*. 1 augmentée, 1 unie, 1 rétrécie. Répétez.

2e *tour*. 1 augmentée, 1 à l'envers, 1 rétrécie à l'envers, répétez.

Répétez ces deux tours alternativement.

## TROIS PETITES DENTELLES

POUR GARNIR LES BRASSIÈRES, PETITS BONNETS, ETC.

Aiguilles en acier n° 3/0 ; coton d'Écosse n° 60.

### N° 1.

Montez 5 mailles.

1er *tour.* 2 mailles unies, 1 augmentée, 1 rétrécie, 4 augmentées, 1 unies.

2° *tour.* 2 unies, 1 à l'envers, 1 unie, 1 à l'envers, 1 unie, 1 augmentée, 1 rétrécie, 1 unie.

3ᵉ *tour.* 2 unies, 1 augmentée, 1 rétrécie, 5 unies.

4ᵉ *tour.* 6 unies, 1 augmentée, 1 rétrécie, 1 unie.

5ᵉ *tour.* 2 unies, 1 augmentée, 1 rétrécie, 5 unies.

6ᵉ *tour.* 6 unies, 1 augmentée, 1 rétrécie, 1 unie.

7ᵉ *tour.* 2 unies, 1 augmentée, 1 rétrécie, 5 unies.

8ᵉ *tour.* Rabattez 4 mailles ; 1 unie, 1 augmentée, 1 rétrécie, 1 unie.

### N° 2.

Montez 7 mailles.

1er *tour.* 3 unies, 1 augmentée, 1 rétrécie, 3 augmentées, 2 unies.

2e *tour.* 3 unies, 2 en dedans dans les brides des mailles augmentées du tour précédent, 2 unies, 1 augmentée, 1 rétrécie, 1 unie.

3e *tour.* 3 unies, 1 augmentée, 1 rétrécie, 5 unies.

4e *tour.* 7 unies, 1 augmentée, 1 rétrécie, 1 unie.

5e *tour.* 3 unies, 1 augmentée, 1 rétrécie, 1 unie ; rabattez trois mailles pour former la dent, en commençant par la dernière maille qui est sur l'aiguille de gauche, 1 unie.

6e *tour.* 4 unies, 1 augmentée, 1 rétrécie, 1 unie.

## N° 3.

Montez 8 mailles.

1er *tour.* 3 unies, 1 en dedans, 2 augmentée, 1 rétrécie, 2 augmentées, 1 rétrécie.

2e *tour.* 1 augmentée, 2 unies, 1 à l'envers, 2 unies, 1 à l'envers, 1 en dedans, 1 augmentée, 1 rétrécie, 1 en dedans.

3e *tour.* 7 unies, 1 en dedans, 3 unies.

4e *tour.* Rabattez 3 mailles, 3 unies, 1 en dedans, 1 augmentée, 1 rétrécie, 1 unie.

## ENTRE-DEUX

### FORMANT GUIRLANDE DE FEUILLAGE.

Montez 28 mailles.

1er *tour.* 1 non tricotée, 3 unies, 1 augmentée, 1 rétrécie, 1 unie, 1 augmentée, 1 unie, 1 rétrécie, 1 à l'envers, 1 rétrécie, 1 unie, tournez deux fois le fil sur l'aiguille, 1 à l'envers, laissez le fil sur l'aiguille, 1 unie, 1 rétrécie, 1 à l'envers, 1 rétrécie, 1 unie, 1 augmentée, 3 unies, 1 augmentée, 1 rétrécie, 1 unie.

2e *tour.* 1 non tricotée, 2 unies, 1 augmentée, 1 rétrécie, 4 à l'envers, 1 à l'endroit, 3 à l'envers, 1 à l'endroit, 3 à l'envers, 1 à l'endroit, 4 à l'envers, 2 à l'endroit, 1 augmentée, 1 rétrécie, 2 à l'endroit.

3e *tour.* 1 non tricotée, 3 unies, 1 augmentée, 1 rétrécie, 1 unie, 1 augmentée, 1 unie, 1 rétrécie, 1 à l'envers, 1 rétrécie, 1 unie, 1 à l'envers, 1 unie, 1 rétrécie, 1 à l'envers, 1 rétrécie, 1 unie, 1 augmentée, 3 unies, 1 augmentée, 1 rétrécie, 1 unie.

4e *tour.* 1 non tricotée, 2 unies, 1 augmentée, 1 rétrécie, 4 à l'envers, 1 unie, 2 à l'envers, 1 unie, 2 à l'envers, 1 unie, 4 à l'envers, 2 unies, 1 augmentée, 1 rétrécie, 2 unies.

5e *tour.* 1 non tricotée, 3 unies, 1 augmentée, 1 rétrécie, 1 unie, 1 augmentée, 1 unie, 1 augmentée, 1 rétrécie, 1 à l'envers, 1 rétrécie, 1 à l'envers, 1 rétrécie, 1 à l'envers, 1 rétrécie, 1 augmentée, 1 unie, 1 augmentée, 3 unies, 1 augmentée, 1 rétrécie, 1 unie.

*6ᵉ tour.* 1 non tricotée, 2 unies, 1 augmentée, 1 rétrécie, 5 à l'envers, 1 unie, 1 à l'envers, 1 unie, 1 à l'envers, 1 unie, 5 à l'envers, 2 unies, 1 augmentée, 1 rétrécie, 2 unies.

*7ᵉ tour.* 1 non tricotée, 5 unies, 1 augmentée, 1 rétrécie, 1 unie, 1 augmentée, 5 unies, 1 augmentée, 1 double rétrécie surjetée, 1 unie, 1 double rétrécie surjetée, 1 augmentée, 5 unies, 1 augmentée, 5 unies, 1 augmentée, 1 rétrécie, 1 unie.

*8ᵉ tour.* 1 non tricotée, 2 unies, 1 augmentée, 1 rétrécie, 1 à l'envers, 1 unie, 5 à l'envers, 5 unies, 5 à l'envers, 2 unies, 1 augmentée, 1 rétrécie, 2 unies.

*9ᵉ tour.* 1 non tricotée, 5 unies, 1 augmentée, 1 rétrécie, 1 unie, 1 augmentée, 5 unies, 1 augmentée, 1 double rétrécie surjetée, 1 augmentée, 5 unies, 1 augmentée, 5 unies, 1 augmentée, 1 rétrécie, 1 unie.

*10ᵉ tour.* 1 non tricotée, 2 unies, 1 augmentée, 1 rétrécie, 17 à l'envers, 2 unies, 1 augmentée, 1 rétrécie, 2 unies.

Recommencez au premier tour.

Avec cet entre-deux on peut former une charmante robe de baby. On monte le devant en tablier, en alternant les bandes tricotées avec des bandes de nanzouk à petits plis.

Pour jupons, posé au-dessus de l'ourlet un entre-deux semblable est aussi très-joli; on peut également s'en servir comme bordure de bonnet, fichu, etc.

# DEUXIÈME PARTIE.

## OBJETS DE TOILETTE.

### CAPELINE ALICE.

Aiguilles en buis nº 5 ; laine zéphyr 2 fils, blanche.

Montez 8 mailles.

Cette capeline se tricote entièrement à l'endroit.

Tricotez 26 tours en augmentant de deux mailles au commencement de chaque tour.

Vous aurez 125 mailles sur votre aiguille.

2 tours unis.

15 tours en faisant une rétrécie au commencement de chaque tour.

Vous aurez 110 mailles.

15 tours en augmentant d'une maille au commencement de chaque tour.

2 tours unis.

65 tours en diminuant d'une maille à la fin de chaque tour.

26 tours en diminuant de deux mailles à la fin de chaque tour.

Il vous reste 8 mailles.

Rabattez vos mailles et coupez la laine.

Faites ensuite un second morceau de tricot, tout pareil au premier.

Cousez les deux morceaux ensemble et attachez-les tout autour, de manière que la capeline soit double. Repliez le bord du devant de la capeline, en formant un petit bourrelet; maintenez ce bourrelet de distance en distance par une boucle en soie de Chine, couleur solférino. Formez ces boucles en passant votre aiguille en dessus et en dessous du bourrelet.

Autour du cou, posez une garniture de petites boules blanches. Pour composer ces boules, il faut un petit moule en bois ou en carton. Enroulez la laine d'une manière très-serrée autour de ce moule; passez un fil à travers la laine tout contre le moule, serrez ce fil très-fort et nouez-le. Coupez la laine du côté opposé du nœud. La laine ainsi détachée du moule formera une boule que vous arrondirez en la tondant bien également tout autour avec des ciseaux.

Formez trois plis derrière la capeline, et posez par-dessus un nœud en rubans solférino. Répétez le même nœud par-devant, à l'endroit où la capeline s'attache sous le menton par un bouton et une clichette en lacet blanc. Ajoutez un gros gland blanc à chaque bout de la capeline par-devant.

## CAPELINE CLOTILDE.

Aiguilles en buis no 5 ; laine zéphyr 2 fils.

Cette capeline se tricote entièrement à l'endroit.

Faites deux morceaux de tricot de 85 mailles, carrés chacun ; l'un pour la tête et l'autre pour le bavolet.

Doublez le morceau de la tête et froncez-le dans le bas.

Doublez également le morceau du bavolet, arrondissez-le des bouts en le fronçant ; formez les plis en sens contraire de ceux de la tête.

Réunissez ces deux morceaux par un simple point de couture.

Pour la garniture, relevez avec l'aiguille toutes les mailles à environ 15 centimètres du bord, repliez le tricot en trois pour faire le bourrelet, et tricotez ces mailles relevées avec celles du dernier pli, avec l'autre aiguille.

Cette capeline peut se faire toute blanche ou en deux couleurs. Si on choisit deux nuances, on fera le bourrelet d'une teinte tranchante et le fond blanc ou gris. Sur la couture qui réunit les deux morceaux, on pose une ruche en ruban n° 7, puis un nœud du même ruban sur le fond de la capeline et enfin les brides ; le tout de la couleur du bourrelet.

## CAPELINE NEIGE.

Aiguilles en buis n° 4 ; laine de Saxe 4 fils blanche.

*Pour la tête*, montez 75 mailles.

Faites 6 tours, en tricotant alternativement une maille à l'endroit et une maille à l'envers.

Contrariez vos mailles à chaque tour.

A partir du 7° tour, diminuez d'une maille au commencement et à la fin de tous les deux tours, jusqu'à ce qu'il ne vous reste plus que 25 mailles sur l'aiguille.

Rabattez vos mailles.

*Pour le bavolet*, montez 10 mailles.

1er *tour*. Tournez la laine autour de l'index et du doigt du milieu de la main gauche et tricotez une maille, continuez ainsi jusqu'à la fin du tour.

2° *tour*. Tricotez toutes les mailles à l'endroit, en laissant retomber les bouclettes formées dans le tour précédent.

Répétez ces deux tours, en les alternant jusqu'à ce que vous ayez formé 50 tours de bouclettes.

Au commencement de chacun des quatre tours unis à l'endroit que vous ferez ensuite (entre les tours de bouclettes), augmentez d'une maille.

Au commencement des quatre tours unis qui suivront, faites 1 rétrécie. Cela forme une pointe au milieu du bavolet.

Répétez les 50 tours *doubles*, c'est-à-dire alternés de bouclettes et unis que vous avez faits au commencement. Cela termine le bavolet.

*Pour la passe,* montez 5 mailles.

La passe se fait entièrement en *tricot neige,* c'est-à-dire avec bouclettes. Chaque tour que nous indiquerons sera donc *double*, et il faudra comprendre qu'il se compose d'un tour de bouclettes et d'un tour uni. Les augmentations ou diminutions se font toujours aux tours unis.

Augmentez d'une maille au commencement et à la fin de chaque tour jusqu'à ce que vous ayez 13 mailles sur l'aiguille.

56 tours sans augmenter ni diminuer.

Au commencement des quatre tours suivants, augmentez d'une maille.

Au commencement des quatre tours suivants, diminuez d'une maille.

Cela forme une pointe au milieu de la passe.

56 tours sans augmenter ni diminuer.

Diminuez d'une maille au commencement et à la fin de chacun des tours suivants, jusqu'à ce que vous n'ayez plus que 5 mailles sur l'aiguille.

Rabattez vos mailles ; la passe est terminée.

Assemblez les trois parties de la capeline; le fond, le bavolet et la passe, par un point de couture. Les bouts de la passe sont très-longs et forment barbes qui s'attachent par devant.

Cette capeline est très-jolie toute blanche; on peut aussi y former les dents de feston reproduites dans la gravure, en laine noire, pintade ou d'autre couleur. Pour cela il faut attacher la laine de couleur à la troisième maille du troisième tour du bavolet, et tricoter cette maille, le reste blanc, au quatrième tour, on tricote la quatrième maille en couleur, et ainsi de suite jusqu'au huitième tour; à ce tour-là on fait huit mailles de suite en couleur ; aux sept tours suivants on place les mailles de couleur de manière à former l'autre côté du feston, et l'on continue ainsi jusqu'au bout. On fait de même pour la passe.

Les points noirs entre chaque feston se composent de trois bouclettes en laine noire.

On termine la capeline par un gland à la pointe du bavolet et un gland au bout de chaque barbe, en laine blanche mêlée d'un peu de noir.

## BONNET DE VOYAGE POUR HOMME.

Six écheveaux de laine de Saxe 8 fils, dont 2 noirs, 2 gris et 2 blancs; — Dévidez trois écheveaux, un de chaque nuance, ensemble, et tricotez les trois brins comme un seul. — Aiguilles en ivoire ou en buis nº 3.

Montez 21 mailles.

Prenez la première maille de chaque tour sans la tricoter, faites les autres alternées à l'endroit et à l'envers.

Chaque tour est semblable.

Continuez jusqu'à ce que vous ayez obtenu une largeur de 60 centimètres.

Joignez cette bande de tricot et froncez-en légèrement le haut de manière à en réduire le tour à 40 centimètres.

Coupez un morceau de velours, en biais, long de 40 centimètres et haut de 12 centimètres, formez-en un rond et cousezle à la partie froncée du tricot; dans le haut froncez le velours et fermez l'ouverture du rond, terminez-le par un gros gland de soie assorti au velours qui peut être bleu, violet, marron ou noir. Doublez le bonnet en taffetas.

Rabattez par-dessus le bord du tricot sur une hauteur de 6 centimètres pour former bordure au bas du bonnet.

## DESSIN POUR CHALE.

Aiguilles en buis nº 8 ; laine zéphyr 5 fils, noire.

Montez 3 mailles.

Tricot uni. Augmentez d'une maille à chaque tour jusqu'à ce que vous en ayez douze sur votre aiguille.

Commencez le dessin.

1er *tour*. 1 augmentée, 1 rétrécie, 3 unies, 1 augmentée, 1 unie, 1 augmentée, 3 unies, 1 rétrécie, 1 unie, 1 augmentée.

2e *tour*. A l'envers, avec une augmentée au commencement.

3e *tour*. 1 augmentée, 1 unie, 1 rétrécie, 2 unies, 1 augmentée, 3 unies, 1 augmentée, 2 unies, 1 rétrécie, 2 unies.

4e *tour*. Pareil au 2e.

5e *tour*. 1 augmentée, 2 unies, 1 rétrécie, 1 unie, 1 augmentée, 5 unies, 1 augmentée, 1 unie, 1 rétrécie, 3 unies.

6e *tour*. Pareil au 2e.

7ᵉ *tour*. 1 augmentée, 3 unies, 1 rétrécie, 1 augmentée, 7 unies, 1 augmentée, 1 rétrécie, 4 unies.

8ᵉ *tour*. Pareil au 2ᵉ.

9ᵉ *tour*. 1 augmentée, 5 unies, 1 augmentée, 3 unies, 2 rétrécies, 3 unies, 1 augmentée, 1 unie, 1 augmentée, 3 unies, 1 rétrécie, mailles unies jusqu'au bout du tour.

10ᵉ *tour*. Pareil au 2ᵉ.

11ᵉ *tour*. 1 augmentée, 1 rétrécie, 3 unies, 2 rétrécies, 3 unies, 1 augmentée, 1 unie, 1 augmentée, 3 unies, 1 rétrécie, mailles unies.

12ᵉ *tour*. Pareil au 2ᵉ.

13ᵉ *tour*. 1 augmentée, 1 unie, 1 rétrécie, 2 unies, 1 augmentée, 5 unies, 1 augmentée, 2 unies, 2 rétrécies, 2 unies, 1 augmentée, 3 unies, 1 augmentée, 2 unies, 1 rétrécie, mailles unies.

14ᵉ *tour*. Pareil au 2ᵉ.

15ᵉ *tour*. 1 augmentée, 2 unies, 1 rétrécie, 1 unie, 1 augmentée, 5 unies, 1 augmentée, 1 unie, 1 rétrécie, * 1 rétrécie, 1 unie, 1 augmentée, 5 unies, 1 augmentée, 1 rétrécie. Répétez depuis *, mailles unies.

16ᵉ *tour*. Pareil au 2ᵉ.

17ᵉ *tour*. 1 augmentée, 3 unies, 1 rétrécie, 1 augmentée, 7 unies, 1 augmentée, 1 rétrécie, * 1 rétrécie, 1 augmentée, 7 unies, 1 augmentée, 1 rétrécie. Répétez depuis *, mailles unies.

18ᵉ *tour*. Pareil au 2ᵉ.

19ᵉ *tour*. 1 augmentée, 5 unies, 1 augmentée, 3 unies, 1 rétrécie, 4 unies, 1 augmentée, 1 rétrécie, 1 augmentée, 3 unies,

1 rétrécie, 4 unies, 1 augmentée, mailles unies.

20e *tour.* Pareil au 2e.

Répétez les dix derniers tours jusqu'à ce que le châle soit de la longueur voulue.

## CHALE PÉNÉLOPE.

Aiguilles en buis no 3; laine zéphyr 3 fils, rouge et blanche et laine noire de Saxe, 3 fils.

Montez 150 mailles avec la laine blanche.

1er *tour.* Tout à l'endroit.

2e *tour.* 1 rétrécie, mailles unies. Terminez par 1 rétrécie.

3e *tour.* Tout à l'endroit.

4e *tour.* Semblable au 2e.

5e *tour.* Prenez la laine rouge. Tout à l'endroit. Continuez à tricoter à l'endroit en diminuant à tous les deux tours comme au 2e, jusqu'à ce que vous ayez fait 28 tours en laine rouge.

Faites 150 tours à l'endroit en laine blanche. Prenez la laine rouge et faites 1 tour à l'endroit. Faites 27 tours en rouge, en augmentant d'une maille au commencement de chaque tour.

Prenez la laine blanche et faites 4 tours en augmentant toujours d'une maille à chaque tour. Rabattez vos mailles.

Avec la laine rouge, relevez 1 maille à chaque tour, sur le

côté du châle et faites 27 tours en augmentant d'une maille au commencement de chaque tour.

Prenez la laine blanche et tricotez 4 tours, toujours en augmentant. Rabattez vos mailles.

Relevez les mailles de l'autre côté du châle et faites la bordure de la même manière.

Arrêtez les coins avec soin, puis avec la laine noire doublée, faites un point passant au-dessus de 6 tours du tricot à distances égales.

Pour la frange prenez un long bout de laine rouge, 8 fois double, et le même bout en laine blanche; liez un morceau de laine rouge 5 fois, à distances égales, très-serré, avec la laine blanche, puis dix fois avec la laine blanche, puis encore 5 fois avec la laine rouge. Cette laine huit fois double étant liée très-serré, puis coupée, forme de petites boules dont on compose une très-jolie garniture en attachant la laine en festons tout autour du châle.

## PETIT CHALE AVEC BORDURE DENTELÉE.

Aiguilles en buis n° 3; laine de Saxe 8 fils.

Montez 3 mailles.

1er *tour*. 1 augmentée, 1 à l'envers, 1 non tricotée, 1 augmentée, 1 à l'envers.

2ᵉ *tour*. 1 augmentée, 1 à l'envers, 1 non tricotée, 3 à l'envers.

3ᵉ *tour*. 1 augmentée, 1 à l'envers, 1 non tricotée, 1 augmentée, 1 rétrécie à l'envers, 1 non tricotée, 1 augmentée, 1 à l'envers.

4ᵉ *tour*. 1 augmentée, 1 à l'envers, * prenez la maille augmentée, sans la tricoter, 1 à l'envers, répétez depuis*, terminez par 1 au lieu de 2 à l'envers.

5ᵉ *tour*. 1 augmentée, 1 à l'envers,* 1 non tricotée, 1 augmentée, 1 rétrécie à l'envers; terminez par 1 à l'envers au lieu d'une rétrécie.

Répétez les quatrième et cinquième tours jusqu'à ce que le corps du châle soit suffisamment grand.

Pour la bordure montez 18 mailles.

1ᵉʳ *tour*. Mailles unies.

2ᵉ *tour*. 1 augmentée, 1 non tricotée, 1 rétrécie, passez la maille non tricotée sur celle rétrécie; mailles unies jusqu'à la fin du tour.

Répétez ces deux derniers tours jusqu'à ce que vous n'ayez plus que 9 mailles.

19ᵉ *tour*. 1 augmentée, mailles unies.

20ᵉ *tour*. Mailles unies.

Répétez ces deux derniers rangs jusqu'à ce que vos mailles soient au nombre de 18. Ensuite recommencez depuis le commencement. Répétez les dents jusqu'à ce que la bordure soit assez longue pour entourer le châle, en laissant de quoi tourner aisément aux coins.

Ensuite faites un tour de crochet, en noir du côté droit de la bordure, 1 barrette, 2 mailles chaînettes; passez deux tours du tricot, c'est-à-dire, une côte entre chaque barrette. Puis faites un tour du même point de crochet en blanc.

Puis, autour des dents, faites en blanc un tour de crochet : — 1 maille double, 3 mailles chaînettes; passez 2 tours de tricot entre chaque maille double. Et un tour en noir pardessus : — 1 maille double dans chaque ouverture des mailles chaînettes, 3 mailles chaînettes entre chaque maille double.

La bordure s'attache au châle par un tour de crochet uni en noir, et l'on termine l'ouvrage par un tour de crochet en blanc, et un en noir autour de l'encolure.

## PÈLERINE EN LAINE.

### TRICOT DE BARÉGE.

Aiguilles de buis n° 8 ; laine de Saxe 3 fils de deux couleurs.

Comme cette pèlerine se fait plus ou moins grande selon la taille de la personne à laquelle elle est destinée, il faudra couper en papier un bon patron sur lequel on réglera son ouvrage.

Commencez la pèlerine par le bas; divisez la largeur en quatre parties, pour faire les diminutions à distances égales ; il en faut, en outre, à l'endroit des épaules. Du reste, le patron guide parfaitement pour cela.

Montez autant de mailles que vous jugerez qu'il en faudra pour faire le tour du bas de la pèlerine.

1er *tour.* A l'endroit, 2 mailles unies, * 1 augmentée, 1 rétrécie surjetée, 1 unie, 1 rétrécie, 1 augmentée. 1 unie. Répétez depuis *.

2e *tour.* A l'envers.

3e *tour.* 3 unies*, 1 augmentée, 1 non tricotée, 1 rétrécie; jetez la maille non tricotée sur celle rétrécie; 1 augmentée, 3 unies. Répétez depuis *.

4e *tour.* A l'envers.

5e *tour.* 2 unies, 1 rétrécie, * 1 augmentée, 1 unie, 1 augmentée, 1 rétrécie surjetée, 1 unie, 1 rétrécie. Répétez depuis *.

6e *tour.* A l'envers.

7e *tour.* 1 unie, 1 rétrécie, * 1 augmentée, 3 unies, 1 augmentée, 1 non tricotée, 1 rétrécie; jetez la maille non tricotée sur celle rétrécie. Répétez depuis *.

Pour la bordure, qui se fait ordinairement d'une nuance tranchant avec celle du fond, voici la manière de procéder.

1er *tour.* 3 mailles unies, 1 en dedans, 2 augmentées, 1 rétrécie, 2 augmentées, 1 rétrécie.

2e *tour.* 1 augmentée, 2 unies, 1 à l'envers, 2 unies, 1 à l'envers, 1 en dedans, 1 augmentée, 1 rétrécie, 1 unie.

3e *tour.* 7 unies, 1 en dedans, 3 unies.

4e *tour.* Rabattez 3 mailles, 5 unies, 1 en dedans, 1 augmentée, 1 rétrécie, 1 unie.

## ÉCHARPE FÉLICIE.

Aiguilles en buis n° 4 ; laine de Saxe 4 fils bleu-azuline et blanche.

Montez 160 mailles en laine bleue. Faites 11 tours alternés à l'endroit et à l'envers.

Joignez la laine blanche, faites 1 tour à l'endroit (2 tours à l'endroit seront ensemble) et un tour à l'envers, en alternant jusqu'à ce que vous ayez fait 8 tours.

Joignez la laine bleue, 2 tours à l'endroit, puis 1 tour à l'envers, 1 tour à l'endroit jusqu'à ce que vous ayez fait 6 tours.

Répétez la bande blanche et terminez par une bande bleue semblable à la première. Froncez les bouts de l'écharpe et ajoutez-y deux gros glands en laine bleue et blanche.

## FICHU MARIE-LOUISE.

TRICOT DIAMANT.

Aiguilles en buis n° 1 ; laine zéphyr 3 bouts.

Ce fichu, très-léger, peut servir de capeline.
Montez 100 mailles.

1er *tour*. Tout à l'endroit.

2e *tour*. Tout à l'envers.

3e *tour*. Prenez une maille sans la tricoter, ensuite tricotez toujours deux mailles ensemble jusqu'à la fin de l'aiguille ; à l'exception de la dernière maille que vous tricoterez seule.

4e *tour*. Prenez la première maille sans la tricoter, * tricotez une maille unie, relevez une maille ; répétez depuis * jusqu'à la fin du tour.

Répétez alternativement ces deux derniers tours jusqu'à ce que vous ayez obtenu 40 rangées de tricot diamant ; terminez par 1 tour tout à l'envers, 1 tour tout à l'endroit et rabattez vos mailles. Ajoutez ici l'entre-deux formant guirlande de feuillage que nous avons expliqué pour robe de baby page 57.

## DENTELLE POUR ENTOURER LE FICHU.

Montez 15 mailles.

1er *tour*. 1 non tricotée, 2 unies, 1 augmentée, 1 rétrécie, 1 unie, 1 augmentée, 1 rétrécie, 1 unie, 2 augmentées, 1 rétrécie, 2 augmentées, 1 rétrécie, 2 unies.

2e *tour*. 1 non tricotée, 3 unies, 1 à l'envers, 2 unies, 1 à l'envers, 3 unies, 1 augmentée, 1 rétrécie, 1 unie, 1 augmentée, 1 rétrécie, 1 unie.

3e *tour*. 1 non tricotée, 2 unies, 1 augmentée, 1 rétrécie, 1 unie, 1 augmentée, 1 rétrécie, 3 unies, 2 augmentées, 1 rétrécie, 2 augmentées, 1 rétrécie, 2 unies.

4e *tour*. 1 non tricotée, 3 unies, 1 à l'envers, 2 unies, 1 à l'envers, 5 unies, 1 augmentée, 1 rétrécie, 1 unie, 1 augmentée, 1 rétrécie, 1 unie.

5e *tour*. 1 non tricotée, 2 unies, 1 augmentée, 1 rétrécie, 1 unie, 1 augmentée, 1 rétrécie, 5 unies, 2 augmentées, 1 rétrécie, 2 augmentées, 1 rétrécie, 2 unies.

6e *tour*. 1 non tricotée, 3 unies, 1 à l'envers, 2 unies, 1 à l'envers, 7 unies, 1 augmentée, 1 rétrécie, 1 unie, 1 augmentée, 1 rétrécie, 1 unie.

7e *tour*. 1 non tricotée, 2 unies, 1 augmentée, 1 rétrécie, 1 unie, 1 augmentée, 1 rétrécie, 6 unies, 7 à l'envers.

8e *tour*. Rabattez 6 mailles, 8 unies, 1 augmentée, 1 rétrécie, 1 unie, 1 augmentée, 1 rétrécie, 1 unie.

## MANCHES DE DESSOUS.

EN LAINE DE COULEUR AVEC MANCHETTES IMITANT L'HERMINE.

Aiguilles en buis n° 7 ; laine mérinos n° 24 de deux couleurs.

Montez 24 mailles avec la laine de couleur.

26 tours de mailles unies.

2 tours de mailles unies, avec une augmentation au commencement.

4 tours de mailles unies.

2 tours de mailles unies, avec une augmentation au commencement.

50 tours de mailles unies.

Prenez la laine blanche.

68 tours de mailles unies.

La laine de couleur forme doublure et la laine blanche est pour le dessus de la manche.

Divisez les mailles en parties égales sur trois aiguilles pour former la manchette.

2 tours de mailles unies.

3e *tour*. 1 augmentée, 3 unies, passez la première des mailles unies pardessus les deux autres. Répétez.

4<sup>e</sup>, 5<sup>e</sup> et 6<sup>e</sup> *tours*. Mailles unies.

7<sup>e</sup> *tour*. Prenez 2 mailles de la première aiguille et tricotez-les sur la dernière, 1 augmentée, 3 unies, passez la première des mailles unies pardessus les deux autres ; répétez depuis la maille augmentée.

8<sup>e</sup>, 9<sup>e</sup> et 10<sup>e</sup> *tours*. Mailles unies.

11<sup>e</sup> *tour*. Prenez une maille de dessus la première aiguille, sur la dernière, et tricotez-la, 1 augmentée, 3 unies, passez la première de ces trois mailles pardessus les autres et répétez depuis 1 augmentée.

12<sup>e</sup>, 13<sup>e</sup> et 14<sup>e</sup> *tours*. Mailles unies.

15<sup>e</sup> *tour*. 1 augmentée, 3 unies, passez la première pardessus les 2 autres. Répétez.

16<sup>e</sup>, 17<sup>e</sup> et 18<sup>e</sup> *tours*. Mailles unies.

19<sup>e</sup> *tour*. A l'envers.

Retournez votre manche et tricotez du côté de l'envers, pour faire la partie de la manchette qui se retourne et forme revers.

20<sup>e</sup> *tour*. 1 augmentée, 3 unies, surjetez la première des trois unies, ainsi que nous l'avons déjà expliqué.

21<sup>e</sup>, 22<sup>e</sup> et 23<sup>e</sup> *tours*. Mailles unies.

24<sup>e</sup> *tour*. Prenez 2 mailles de la première aiguille sur la dernière et tricotez-les, 1 augmentée, 3 unies, la 1<sup>re</sup> surjetée.

25<sup>e</sup>, 26<sup>e</sup> et 27<sup>e</sup> *tours*. Mailles unies.

28<sup>e</sup> *tour*. Prenez une maille de la première aiguille sur la dernière et tricotez-la, 1 augmentée, 3 unies, la 1<sup>re</sup> surjetée.

29<sup>e</sup>, 30<sup>e</sup> et 31<sup>e</sup> *tours*. Mailles unies.

52ᵉ *tour*. 1 augmentée, 3 unies, la 1ʳᵉ surjetée.

33ᵉ, 34ᵉ et 35ᵉ *tours*. Mailles unies.

36ᵉ *tour*. Prenez deux mailles de la première aiguille sur la seconde et tricotez-les, 1 augmentée, 3 unies, la 1ʳᵉ surjetée.

37ᵉ, 38ᵉ et 39ᵉ *tours*. A l'envers.

Arrêtez et coupez la laine.

Remettez la manche à l'endroit et faites retourner le revers par dessus.

Sur ce revers, brodez à distances égales trois points à côté l'un de l'autre en laine noire pour imiter l'hermine.

## MANCHES GABRIELLE.

Aiguilles en acier 3|0 ; laine mérinos nº 30.

Montez 72 mailles sur 3 aiguilles.

26 sur la première, 28 sur la seconde et 18 sur la troisième.

1ᵉʳ *tour*. 1 à l'envers, 1 rétrécie surjetée, 1 unie, 1 augmentée, 1 unie, 1 augmentée, 1 unie, 1 rétrécie, 1 à l'envers (cela termine la première rayure). Faites 1 unie, 1 augmentée, 1 unie. 8 fois. Répétez depuis le commencement.

2ᵉ *tour*. 1 à l'envers, 7 unies, 1 à l'envers, 17 unies. Répétez.

3ᵉ *tour*. 1 à l'envers, 1 rétrécie surjetée, 1 unie, 1 augmentée, 1 unie, 1 augmentée, 1 unie, 1 rétrécie, 1 à l'envers, 3 unies, 1 rétrécie, 7 unies, 1 rétrécie surjetée, 3 unies. Répétez.

*4e tour.* 1 à l'envers, 7 unies, 1 à l'envers, 2 unies, 1 rétrécie, 7 unies, 1 rétrécie surjetée, 2 unies. Répétez.

*5e tour.* 1 à l'envers, 1 rétrécie surjetée, 1 unie, 1 augmentée, 1 unie, 1 augmentée, 1 unie, 1 rétrécie, 1 à l'envers, 1 unie, 1 rétrécie, 7 unies, 1 rétrécie surjetée, 1 unie. Répétez.

*6e tour.* 1 à l'envers, 7 unies, 1 à l'envers, 1 rétrécie, 7 unies, 1 rétrécie surjetée. Répétez.

Vous avez complété un dessin.

Répétez ces 6 tours 15 fois, vous aurez en tout 96 tours.

Faites un tour de mailles unies. Cela termine la manche.

Pour la bordure.

*1er tour.* 3 à l'envers, 1 augmentée, en passant la laine autour de l'aiguille, 4 à l'envers, 2 unies. Répétez.

*2e tour.* 3 à l'envers, 1 unie, 1 augmentée, 1 unie. Répétez.

*3e et 4e tours.* Semblables au 2e.

*5e tour.* 3 à l'envers, 1 unie, 1 augmentée, 1 unie. Répétez.

*6e tour.* 3 à l'envers, 5 unies. Répétez.

*7e et 8e tours.* Semblables au 6e.

*9e tour.* 1 à l'envers, 1 augmentée, 2 à l'envers, 5 unies. Répétez.

*10e tour.* 4 à l'envers, 5 unies. Répétez.

*11e et 12e tours.* Semblables au 10e.

*13e tour.* 4 à l'envers, 1 unie, 1 augmentée, 2 unies. Répétez.

14e *tour*. 4 à l'envers, 4 unies. Répétez.

15e et 16e *tours*. Semblables au 14e.

17e *tour*. 1 à l'envers, 1 augmentée, 2 à l'envers, 1 augmentée, 1 à l'envers, 4 unies. Répétez.

18e *tour*. 6 à l'envers, 4 unies. Répétez.

19e et 20e *tours*. Semblables au 18e.

21e *tour*. 6 à l'envers, 1 unie, 1 augmentée, 2 unies, 1 augmentée, 1 unie. Répétez.

22e *tour*. 6 à l'envers, 6 unies. Répétez.

23e et 24e *tours*. Semblables au 22e.

25e *tour*. 2 à l'envers, 1 augmentée, 2 unies, 1 augmentée, 2 unies, 6 unies. Répétez.

26e *tour*. 8 à l'envers, 6 unies. Répétez.

27e et 28e *tours*. Semblables au 26e.

29e *tour*. 8 à l'envers, 2 unies, 1 augmentée, 2 unies, 1 augmentée, 2 unies. Répétez.

30e, 31e et 32e *tours*. 8 à l'envers, 8 unies. Répétez.
Rabattez vos mailles.

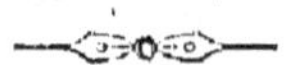

## MITAINE AVEC MANCHETTE.

Aiguilles en acier n° 10/0 ; laine de Saxe 4 fils.

Montez 35 mailles.

16 tours à l'endroit.

17e *tour*. 9 unies, rabattez 11 mailles, 15 unies.

8

18e *tour.* 13 unies, montez 11 mailles, 9 unies.

Vous avez formé l'ouverture pour le pouce.

Tricotez 70 tours à l'endroit. Rabattez vos mailles.

Fermez votre mitaine par un simple point de couture, en laissant l'ouverture pour le pouce.

Ensuite, pour la manchette, relevez vos mailles sur trois aiguilles, et tricotez *au point de brioche* 16 tours, en augmentant d'une maille au commencement et à la fin de chaque tour.

16 tours à l'endroit en faisant 1 rétrécie au commencement et à la fin de chaque tour. Rabattez vos mailles.

Doublez la manchette, de manière que le tricot uni forme doublure.

Retournez la mitaine et unissez le dernier tour de la manchette avec le premier.

## MANCHETTE SIMPLE.

Aiguilles en buis n° 1 ; laine de Saxe 5 fils, de deux couleurs.

Montez 68 mailles avec la laine blanche.

22 tours *point de brioche.*

Ce point se fait de la manière suivante :

Jetez votre fil sur l'aiguille, prenez 1 maille sans la tricoter, tricotez 2 mailles ensemble.

Prenez la laine de couleur et faites deux tours du même point.

Au troisième tour :

Faites passer la seconde maille par-dessus la première et tricotez-la, tricotez la première ; faites passer la quatrième maille par-dessus la troisième et tricotez-la, tricotez la troisième ; continuez de même jusqu'à la fin du tour. Cela forme des jours.

1 tour de mailles unies.

Répétez ces deux derniers tours jusqu'à ce que vous ayez six rangées de jours.

Rabattez vos mailles.

## MITAINES FANNY POUR ENFANT.

Aiguilles en acier n° 10.0 ; laine de Saxe 5 fils.

Montez 24 mailles.

20 tours à l'endroit ; au commencement de chaque tour, prenez 1 maille sans la tricoter, à l'envers.

21e *tour*. Tricotez 16 mailles et laissez-en 8 sur l'aiguille.

Tricotez 9 tours comme le dernier.

Au onzième, tricotez les 16 mailles, et puis les 8 mailles que vous aviez laissées.

Tricotez 9 tours comme le dernier.

Cela termine la partie qui couvre la main.

Relevez les mailles des 40 tours du côté le plus large de la mitaine, et tricotez les 40 mailles jusqu'à ce que vous ayez fait 4 tours en augmentant de 2 mailles aux trois premiers tours; cela fait 6 augmentations. Le dernier tour est uni.

Prenez des aiguilles en buis nº 4, et tricotez alternativement 1 maille à l'endroit, 1 maille à l'envers.

Continuez ainsi jusqu'à ce que vous ayez obtenu une hauteur de 8 centimètres.

Prenez de la laine rouge ou bleue, et tricotez six tours, alternativement à l'envers et à l'endroit.

Continuez en tricotant très-lâchement jusqu'à ce que ce morceau en couleur, qui doit servir de doublure, ait 10 centimètres de hauteur.

Au bout des quatre derniers tours, il faut diminuer de 2 mailles. Rabattez vos mailles.

Doublez la partie blanche de la mitaine avec la partie rouge, en laissant cette dernière passer un peu, de manière à former un bourrelet au bas de la manchette. Attachez le dernier tour de la manchette au premier par un point de couture à l'envers du tricot. Fermez aussi la mitaine.

## GANTELETS DE CHASSE POUR HOMME.

Aiguilles en acier n° 2/0; laine mérinos, n° 24.

Montez 16 mailles sur chacune des 5 aiguilles et unissez en rond.

1ᵉʳ *tour.* 2 unies, 2 à l'envers. Répétez.

Faites 18 tours de la même manière.

19ᵉ *tour.* 1 unie, 1 à l'envers. Répétez.

20ᵉ *tour.* 1 à l'envers, 1 unie. Répétez.

De cette manière vos mailles seront contrariées.

Répétez ces deux derniers tours jusqu'à ce que vous en ayez fait 26.

28ᵉ *tour.* 1 unie, 1 à l'envers, relevez une maille et tricotez-la à l'envers, relevez une maille et tricotez-la, faites 1 unie, 1 à l'envers jusqu'au bout du tour.

Continuez à augmenter pour le pouce comme dans le dernier tour, en relevant deux mailles à chaque tour jusqu'à ce que vous ayez augmenté 25 fois. Les augmentations ne doivent pas être les unes sur les autres, mais aller en biaisant, l'une étant toujours d'une maille au delà de l'autre.

A tous les deux tours, l'augmentation fera venir 2 *unies* au-dessus l'une de l'autre; mais cela ne doit pas intervertir l'ordre des autres mailles, dans la partie de la main ou du pouce, et les mailles unies et à l'envers doivent continuer d'être contrariées.

8.

Divisez les 25 mailles sur 5 aiguilles et unissez-les en rond.

Tricotez 11 tours, en faisant toujours une maille unie et une maille à l'envers.

Rabattez les mailles. Cela termine le pouce.

Pour la main, tricotez les 48 mailles qui restent, en faisant toujours le même point jusqu'à ce que vous ayez fait 15 tours.

Rabattez les mailles.

## BAS ET CHAUSSETTES.

### CHAUSSETTE POUR ENFANT DU SECOND AGE, N° 1.

4 aiguilles en acier n° 5/0 ; laine mérinos n° 50.

Montez 18 mailles sur chacune de deux aiguilles et 17 sur une troisième.

1er *tour.* 1 maille à l'envers, 1 unie, 1 à l'envers *, 2 unies, 2 à l'envers. Répétez depuis *.

2e *tour.* 3 à l'envers, *2 unies, 2 à l'envers. Répétez depuis *.

Répétez alternativement ces deux tours, jusqu'à ce que vous en ayez fait 32. La maille du milieu des trois mailles à l'envers qui commencent le tour, doit se conserver pour le point de couture et doit se faire alternativement unie et à l'envers.

33e *tour.* Mailles unies. Tricotez 30 tours de la même manière ; ensuite, divisez les mailles. Prenez 13 mailles de chaque côté du point de couture pour former le talon ; en tout 27 mailles. Tricotez ces mailles en allant et en revenant jusqu'à ce que vous ayez fait 16 tours.

Diminuez alors de la manière suivante :

Quand vous n'aurez plus que trois mailles sur l'aiguille avant le point de couture, tricotez 2 mailles ensemble, puis faites 1 maille unie, puis le point de couture, puis 1 unie, prenez une maille sans la tricoter, 1 unie, passez la maille non tricotée sur la dernière maille tricotée ; mailles unies jusqu'au bout du tour. Répétez cette diminution au bout de tous les deux tours, jusqu'à ce que vous ayez diminué cinq fois ; ensuite, faites deux tours de mailles unies, divisez les mailles sur deux aiguilles, et rabattez-les en prenant une maille au bout de chaque aiguille alternativement.

Prenez ensuite les 26 mailles que vous avez laissées pour le cou-de-pied, avec 30 mailles que vous relèverez de chaque côté du talon, 15 de chaque côté, et tricotez-les en diminuant, c'est-à-dire en tricotant deux mailles ensemble tous les trois tours, jusqu'à ce que vous ayez diminué quatre fois ; ces diminutions se font de chaque côté du cou-de-pied. Faites 36 tours sans diminuer : divisez les mailles sur deux aiguilles, les mailles qui restent du talon sur une aiguille et les mailles du cou-de-pied sur une autre aiguille. Faites la première maille du cou-de-pied unie, ensuite faites une rétrécie surjetée ; puis, mailles unies jusqu'à ce qu'il ne vous en reste plus que trois sur l'aiguille ; alors faites : 1 rétrécie, 1 unie. Diminuez de la même manière sur l'autre aiguille ; il y aura quatre diminutions dans le tour. Faites deux tours sans diminuer. Répétez 4 fois les diminutions, en faisant deux tours sans diminuer entre chaque tour diminué. Rabattez vos mailles.

### CHAUSSETTE POUR ENFANT DU SECOND AGE, Nº 2.

4 aiguilles en acier nº 7/0 ; laine mérinos nº 50.

Montez 61 mailles : 20 sur chacune des deux premières aiguilles, 21 sur la troisième.

1ᵉʳ *tour.* 1 maille à l'envers, 1 unie, 1 à l'envers, * 2 unies, 2 à l'envers. Répétez depuis *.

2ᵉ *tour.* 3 à l'envers, * 2 unies, 2 à l'envers. Répétez depuis *.

Répétez ces deux tours alternativement jusqu'à ce que vous ayez fait 54 tours, conservez la maille du milieu des trois premières pour le point de couture et faites-la alternativement unie et à l'envers. Il faut tricoter 54 tours en mailles unies pour la jambe ; puis diviser les mailles et prendre 16 mailles de chaque côté du point de couture, en tout 33 mailles pour le talon ; ces 33 mailles doivent se tricoter en allant et en revenant, jusqu'à ce qu'on en ait complété 20 tours. Puis faites 4 tours avec deux diminutions à chacun, par 1 rétrécie surjetée, de chaque côté du point de couture,

2 tours de mailles unies.

Rabattez vos mailles.

Relevez sur deux aiguilles 18 mailles de chaque côté du talon, et prenez, sur une troisième aiguille, les 28 mailles que vous avez laissées pour le cou-de-pied. Diminuez à tous les trois tours par 1 rétrécie de chaque côté du cou-de-pied.

Lorsque vous aurez fait ces diminutions quatre fois, tricotez 48 tours sans diminuer, divisez les mailles sur deux aiguilles, les mailles qui restent du talon sur l'une, et celles du cou-de-pied sur l'autre. Faites la première maille du cou-de-pied unie, faites une rétrécie surjetée, puis mailles unies jusqu'à la fin du tour, où vous diminuerez en faisant 1 rétrécie, 2 unies, 1 jetée, 1 rétrécie surjetée. Du côté du talon, diminuez de la même manière à chaque bout.

2 tours de mailles unies sans diminution.

Répétez les diminutions tous les trois tours, jusqu'à ce que vous ayez diminué cinq fois.

2 tours de mailles unies. Rabattez les mailles.

### CHAUSSETTE POUR ENFANT DU TROISIÈME AGE.

Aiguilles en acier n° 7/0; laine mérinos n° 50.

Montez 89 mailles : 29 sur la première aiguille, et 30 sur chacune des deux autres.

La première maille de chaque tour doit se faire alternativement unie et à l'envers pour former le point de couture,

48 tours composés de deux mailles unies et de deux mailles à l'envers alternativement.

68 tours de mailles unies.

Divisez les mailles. 19 de chaque côté du point de couture, en tout 39 pour le talon. Tricotez ces 39 mailles en allant et en revenant.

1er *tour*. Mailles unies.

2e *tour*. Faites la première et la dernière maille unies, les autres à l'envers.

Répétez ces deux derniers tours, jusqu'à ce que vous en ayez complété 32.

Divisez les mailles sur trois aiguilles : prenez-en 15 sur la première, 9 sur la seconde et 15 sur la troisième. Tricotez les 9 mailles en allant et en revenant, et au bout de chaque tour, prenez une des quinze mailles sur l'aiguille avec ces 9 mailles; au commencement de chaque tour, faites 1 rétrécie. Lorsque vous n'aurez plus que 7 mailles sur chaque aiguille de côté, prenez une de ces mailles avec la dernière maille de chaque tour, et tricotez les deux ensemble comme une seule jusqu'à ce qu'il ne reste plus de mailles de côté.

Relevez ensuite 17 mailles de chaque côté du talon et reprenez les 50 mailles que vous avez laissées pour le cou-de-pied, diminuez à tous les trois tours, en faisant 1 rétrécie à chaque bout des mailles de la partie qui forme la semelle, et à chaque bout des mailles du cou-de-pied en faisant 1 rétrécie sur-jetée. Quand vous aurez fait ces diminutions 5 fois, tricotez 72 tours de mailles unies sans diminuer.

Divisez les mailles en parties égales sur trois aiguilles. Faites 1 rétrécie au commencement de chaque aiguille jusqu'à ce qu'il ne vous en reste plus que trois. Rabattez vos mailles.

## CHAUSSETTE POUR PETIT GARÇON DE 10 A 12 ANS.

Aiguilles en acier n° 8/0; et laine mérinos n° 50.

Montez 69 mailles; 24 sur chacune de deux aiguilles et 21 sur la troisième.

1er *tour.* 1 à l'envers, 1 unie, 1 à l'envers* 2 unies, 2 à l'envers.. Répétez depuis*.

2e *tour.* 3 à l'envers, * 2 unies, 2 à l'envers. Répétez depuis*.

Répétez alternativement ces deux tours, jusqu'à ce que vous en ayez fait 56. Gardez toujours la seconde maille du tour pour le point de couture, tout le long de la jambe, en la faisant alternativement unie et à l'envers.

Tricotez 64 tours de mailles unies pour la jambe.

Divisez les mailles, prenez-en 18 de chaque côté du point de couture; cela fait 37 pour le talon. Tricotez ces mailles en allant et en revenant, jusqu'à ce que vous ayez complété 24 tours. A tous les deux tours, ceux qui se font en mailles unies, faites une diminution. Continuez jusqu'à ce que vous ayez diminué 5 fois.

La diminution se fait de chaque côté du point de couture. Lorsqu'il ne reste plus que trois mailles avant le point de couture, on fait 1 rétrécie, 1 unie, puis le point de couture,

1 unie, 1 rétrécie surjetée, mailles unies jusqu'à la fin du tour.

Tricotez 2 tours de mailles unies et rabattez vos mailles.

Relevez 20 mailles de chaque côté du talon, et reprenez les 52 mailles que vous avez laissées pour le cou-de-pied. A tous les trois tours, diminuez de chaque côté du cou-de-pied en faisant 1 rétrécie. Quand vous aurez diminué trois fois, faites 56 tours sans diminuer.

Divisez les mailles sur deux aiguilles.

Faites la première maille du côté du cou-de-pied, 1 unie, 1 rétrécie surjetée, mailles unies au bout de l'aiguille : 1 rétrécie, 2 unies, 1 rétrécie surjetée. Faites aussi 1 rétrécie puis 1 unie, au bout du côté de la semelle. Cela fera 4 diminutions dans le tour.

Répétez ces diminutions, tous les trois tours, jusqu'à ce que vous ayez diminué 7 fois.

Rabattez vos mailles.

## BAS DE FEMME.

Aiguilles en acier n° 6/0 ; et laine mérinos n° 25.

Sur chacune de deux aiguilles montez 42 mailles et 43 sur la troisième.

Tricotez 20 tours, de 2 unies et 2 à l'envers alternativement pour former les côtés.

24e *tour*. Mailles unies, à l'exception de la dernière maille de la troisième aiguille qui se fait à l'envers. Répétez 249 fois ce dernier tour.

**271e** *tour.* Tricotez deux mailles ensemble, mailles unies. Terminez par 1 rétrécie, c'est-à-dire deux mailles tricotées ensemble, et 1 maille à l'envers.

8 tours de mailles unies.

**280e** *tour.* Semblable au 271e.

8 tours de mailles unies et dans le 9e diminuez.

Répétez ces 9 tours, 9 fois.

96 tours de mailles unies.

Divisez les mailles. Prenez 30 mailles de chaque côté du point de couture, pour le talon, sur deux aiguilles, et 48 mailles que vous laisserez pour le cou-de-pied, sur une troisième.

Pour le talon, tricotez à l'envers et à l'endroit, alternativement sur les deux aiguilles, en conservant toujours le point de couture, jusqu'à ce que vous ayez fait 60 tours. Pliez en deux le talon, dans sa longueur, et au bout où se trouve la laine, prenez une troisième aiguille et prenez une maille de chacune des deux aiguilles du talon, tricotez-les ensemble comme une seule maille ; continuez de la même manière, jusqu'à ce qu'il ne reste plus qu'une seule maille sur chaque aiguille et le point de couture ; tricotez ces trois mailles ensemble comme une seule, puis arrêtez en passant la laine à travers la dernière maille; serrez et coupez la laine.

Relevez les mailles de chaque côté de talon, 30 mailles sur chacune de deux aiguilles ; il doit vous rester en tout, sur trois aiguilles, 108 mailles.

1 tour mailles unies.

2e *tour*. Faites deux diminutions, en prenant à chaque bout une maille du talon avec une maille du cou-de-pied et en les tricotant ensemble.

8 tours de mailles unies.

11e *tour*. 2 diminutions comme au 2e tour.

8 tours mailles unies.

20e *tour*. 2 diminutions comme au 2e tour.

8 tours mailles unies.

29e *tour*. 2 diminutions comme au 2e tour.

Il doit vous rester 102 mailles.

80 tours de mailles unies.

56 tours en faisant deux diminutions, de la même manière qu'au second tour, après le talon, à tous les deux tours.

24 tours, en faisant deux diminutions dans chaque tour.

Il doit vous rester 42 mailles.

Prenez 21 mailles sur chacune de deux aiguilles, et avec une troisième tricotez-les ensemble, et arrêtez, comme nous l'avons indiqué pour le talon.

## CHAUSSETTES D'HOMME.

Aiguilles en acier n° 7/0 ; et laine estame n° 10, 5 fils.

Montez 75 mailles. 24 sur chacune des deux premières aiguilles et 25 sur la troisième.

1er *tour*. 1 unie, 1 à l'envers. Répétez. Faites 24 tours de la même manière. Conservez la dernière maille pour le point de couture, tout le long de la chaussette.

25e *tour*. 3 unies, 1 à l'envers, Répétez. Faites 20 tours de cette manière.

45e *tour*. 1 unie, prenez 1 maille sans la tricoter, 1 unie, passez la maille non tricotée sur celle tricotée *. 1 à l'envers, 3 unies. Répétez depuis *. Terminez par : 1 rétrécie, 1 unie. Il n'y aura plus que deux mailles unies à tricoter de chaque côté des coutures.

46e *tour*. Commencez par 2 unies, pour le restant du tour faites 1 à l'envers, 3 unies. Terminez par 2 unies. Faites 18 tours pareils à ce dernier.

65e *tour*. Diminuez au commencement et à la fin comme au 45e tour. Pour le reste faites 3 unies, 1 à l'envers.

66e *tour*. 3 unies au commencement et à la fin ; pour le reste 1 à l'envers, 3 unies.

12 tours pareils au dernier.

80e *tour*. 4 unies au commencement et à la fin ; pour le reste 3 unies, 1 à l'envers.

12 tours pareils au dernier.

93e *tour*. Diminuez au commencement comme au 45e tour, faites 1 à l'envers, 3 unies jusqu'au bout du tour. Terminez par 1 unie, 1 rétrécie, 1 unie.

94e *tour*. 3 unies, 1 à l'envers.

20 tours pareils au dernier.

Divisez les mailles pour le talon, prenez-en 17 de chaque

côté du point de couture, et tricotez en allant et en revenant en tours alternés à l'envers et à l'endroit.

1er tour. 1 unie, * 1 à l'envers, 1 unie, 1 rétrécie. Répétez depuis * jusqu'au point de couture, ensuite faites 1 unie, 1 rétrécie. Répétez. Terminez par 1 unie.

2e tour. 1 à l'envers au commencement et à la fin, 1 unie, 2 à l'envers.

3e tour. 1 unie au commencement et à la fin, 1 à l'envers, 2 unies.

Continuez à faire ces deux derniers tours alternés, jusqu'à ce que vous en ayez fait 30.

Divisez les mailles sur trois aiguilles, prenez-en 15 sur la première, 5 sur la seconde et 15 sur la troisième.

Tricotez 5 mailles unies sur la seconde aiguille, tricotez 1 maille de dessus la troisième aiguille, revenez, 1 rétrécie à l'envers, 5 à l'envers, tricotez 1 maille, à l'envers, de dessus la première aiguille, retournez, 1 rétrécie, 6 unies, tricotez une maille de dessus la troisième aiguille, continuz de prendre une maille de chaque côté en la tricotant à la fin de chaque tour et de faire 1 rétrécie au commencement, jusqu'à ce que toutes les mailles de côté aient été reprises.

Prenez 21 mailles de chaque côté de celles qui restent sur l'aiguille du milieu et les 29 que vous avez laissées pour le cou-de-pied. Tricotez en rond. Conservez les côtes de même pour le dessus du pied, mais faites le tricot uni pour la se-semelle.

Diminuez à tous les trois tours de chaque côté de la semelle

en faisant 1 rétrécie, et de chaque côté du cou-de-pied par
1 rétrécie surjetée; cela fait quatre diminutions tous les trois
tours. Lorsque vous aurez fait six fois ces diminutions, faites
50 tours de mailles unies, sans former de côtes sur le devant
du pied.

Diminuez ensuite pour le bout du pied en faisant 1 rétrécie, 1 unie, au bout du côté de la semelle; et 1 rétrécie
surjetée au commencement du cou-de-pied, 1 rétrécie, 1 unie
au bout du cou-de-pied, 1 unie, 1 rétrécie surjetée au commencement de la semelle. Faites ces quatre diminutions tous les
deux tours jusqu'à ce qu'il ne vous reste plus que 10 mailles.

Mettez-en 5 sur chaque aiguille et rabattez.

### CHAUSSONS POUR LA NUIT.

Aiguilles en buis ou en ivoire n° 3; laine de Saxe 5 fils.

Montez 32 mailles.

10 tours de mailles unies, en augmentant d'une maille au
commencement de tous les tours.

14 tours, en augmentant au commencement de tous les deux
tours.

Ces augmentations se font en jetant la laine sur l'aiguille de
manière à former une maille.

Tricotez 15 mailles pour le bout du pied, du côté où vous
avez fait la dernière augmentation.

9.

Tricotez ces mailles en allant et en revenant, jusqu'à ce que vous ayez fait 30 tours.

Montez 54 mailles pour correspondre aux mailles que vous avez laissées sans les tricoter. Cela formera l'autre côté du pied.

14 tours, en diminuant d'une maille, par 1 rétrécie, au commencement de tous les deux tours, du côté du bout de pied.

10 tours, en diminuant d'une maille à chaque tour.

Rabattez vos mailles.

Ceci complète la semelle du chausson.

Pour le cou-de-pied, relevez 15 mailles le long des 30 tours du bout de pied.

Tricotez 54 tours, en laissant à chaque tour une des mailles de côté avec la dernière maille sur l'aiguille.

17 mailles restent de chaque côté. Prenez-les toutes sur une seule aiguille.

20 tours, unies.

20 tours, 2 à l'envers, 2 à l'endroit.

6 tours, unies.

Rabattez vos mailles.

## GUÊTRES POUR PETIT GARÇON.

Aiguilles en acier n° 6/0 ; laine de Saxe 8 fils.

Montez 87 mailles.

1er *tour*. Tout à l'endroit.

2e *tour*. Tout à l'envers.

3e *tour*. Tout à l'endroit.

4e 9 unies, * 2 rétrécies, 7 unies. Répétez depuis *.

5e *tour*. Tout à l'envers.

6e *tour*. 4 unies, * 1 augmentée, 1 unie, 1 augmentée, 2 unies, 2 rétrécies, 2 unies. Répétez depuis *.

7e *tour*. Tout à l'envers.

8e *tour*. 5 unies, * 1 augmentée, 1 unie, 1 augmentée, 2 unies, 2 rétrécies, 2 unies. Répétez depuis *.

9e *tour*. Tout à l'envers.

10e *tour*. 6 unies, * 1 augmentée, 1 unie, 1 augmentée, 8 unies. Répétez depuis *.

11e *tour*. Tout à l'envers.

12e *tour*. Tout à l'endroit.

13e *tour*. Tout à l'endroit.

14e *tour*. Tout à l'envers.

15e *tour*. Tout à l'endroit.

16e *tour*. Le dessin se divise ensuite par 9 mailles, et il doit y avoir 90 mailles sur l'aiguille. 1 augmentée, 1 rétrécie, 7 unies. Répétez.

17e *tour.* 1 augmentée, 1 rétrécie à l'envers, 7 à l'envers. Répétez.

Tricotez alternativement ces deux derniers tours jusqu'à ce que vous en ayez fait 15.

14e *tour.* 1 augmentée, 1 rétrécie, prenez 3 mailles sans les tricoter sur une autre aiguille, 4 unies. Répétez.

15e *tour.* 1 augmentée. Prenez la première des 4 unies et la première des 3 mailles sur l'autre aiguille et tricotez-les ensemble à l'envers, tricotez à l'envers les 2 mailles qui restent sur l'autre aiguille, et ensuite les 3 mailles unies. Répétez jusqu'à la fin du tour.

Répétez depuis le 16e tour, 5 fois.

Tricotez encore une fois depuis le 16e tour, en augmentant d'une maille au commencement de chaque tour. Cette maille augmentée doit se faire unie et ne pas intervenir dans le dessin.

Tricotez encore une fois depuis le 16e tour, en rétrécissant d'une maille au commencement de chaque tour.

Vous aurez le même nombre de mailles sur l'aiguille qu'au commencement.

Vous avez en tout fait 185 tours.

186e *tour.* 1 rétrécie, 7 unies. Répétez.

187e *tour.* 1 rétrécie à l'envers, 6 à l'envers. Répétez.

188e *tour.* Tout à l'envers.

189e *tour.* Tout à l'endroit.

190e *tour.* Tout à l'envers.

Tricotez ensuite pour le bas de la jambe 42 tours, en alternant toujours 2 mailles unies et 2 à l'envers ; les mailles unies dans un tour doivent toujours être à l'envers dans le tour suivant. Cela forme des côtes et resserre le tricot à la cheville.

*43e tour.* Continuez à tricoter 2 à l'endroit, 2 à l'envers, jusqu'à ce que vous ayez fait 16 mailles; relevez 1 maille et tricotez-la, tricotez toujours en formant les côtes jusqu'à ce qu'il ne reste que 16 mailles sur l'aiguille, relevez 1 maille et tricotez-la. Tricotez jusqu'à la fin 2 à l'envers, 2 à l'endroit, en continuant les côtes comme au commencement du tour.

*44e et 45e tour.* Comme le 43e, mais les mailles augmentées ne doivent pas intervenir dans le dessin, et les côtés doivent continuer régulièrement.

Répétez ces deux derniers tours jusqu'à ce que vous ayez augmenté de 6 mailles de chaque côté.

Prenez, de chaque côté de la jambe, 24 mailles sur une autre aiguille.

Tricotez les mailles qui restent au centre, toujours à côtes 12 tours; au 13e, diminuez d'une maille au commencement et à la fin.

8 tours à côtes, au 9e diminuez d'une maille au commencement et à la fin.

4 tours, à côtes.

Relevez 16 mailles le long du pied du côté droit, reprenez les 24 mailles que vous aviez laissées à part, relevez 16 mailles le long du pied, du côté gauche; le tout sur la même aiguille.

Tricotez 4 tours unies. Rabattez vos mailles.

Une petite lanière en cuir, attachée au petit gousset qui se trouve de chaque côté du pied, complète la guêtre.

# TROISIÈME PARTIE.

## RIDEAUX, COURTES-POINTES

### ET AUTRES OBJETS UTILES.

---

#### RIDEAUX DE CROISÉE.

PREMIER MODÈLE. — TRICOT FEUILLAGE.

Aiguilles en buis nº 6; coton d'Écosse nº 30.

Montez un nombre de mailles divisible par 19, ajoutez 1 maille pour la lisière.

2 à l'endroit, 1 augmentée, 1 rétrécie, 1 augmentée, 1 rétrécie, 1 augmentée, 3 à l'endroit, 1 rétrécie surjetée, 3 à l'endroit, 1 augmentée, 1 rétrécie, 1 augmentée, 1 rétrécie, 1 augmentée,

1 à l'endroit. Répétez depuis '; terminez à la fin de l'aiguille par 2 à l'endroit au lieu d'une.

2ᵉ *tour.* A l'envers.

3ᵉ *tour* 3 à l'endroit; * 1 augmentée, 1 rétrécie, 1 augmentée, 1 rétrécie, 1 augmentée, 2 à l'endroit, 1 rétrécie surjetée, 2 à l'endroit, 1 augmentée, 1 rétrécie, 1 augmentée, 1 rétrécie, 1 augmentée, 3 à l'endroit. Répétez depuis *.

4ᵉ *tour.* A l'envers.

5ᵉ *tour.* 4 à l'endroit; ' 1 augmentée, 1 rétrécie, 1 augmentée, 1 rétrécie, 1 augmentée, 1 à l'endroit, 1 rétrécie surjetée, 1 à l'endroit, 1 augmentée, 1 rétrécie, 1 augmentée, 1 rétrécie, 1 augmentée, 5 à l'endroit. Répétez depuis '; à la fin de l'aiguille, terminez par 4 à l'endroit au lieu de 5.

6ᵉ *tour.* A l'envers.

7ᵉ *tour.* 5 à l'endroit, ' 1 augmentée, 1 rétrécie, 1 augmentée, 1 rétrécie, 1 augmentée, 1 rétrécie surjetée, 1 augmentée, 1 rétrécie, 1 augmentée, 1 rétrécie, 1 augmentée, 7 à l'endroit. Répétez depuis '. Terminez par 5 à l'endroit au lieu de 7.

8ᵉ *tour.* A l'envers.

9ᵉ *tour.* 1 à l'endroit, 1 rétrécie, 3 à l'endroit; ' 1 augmentée, 1 rétrécie, 1 augmentée, 1 rétrécie, 1 augmentée, 1 à l'endroit, 1 augmentée, 1 rétrécie, 1 augmentée, 1 rétrécie, 1 augmentée, 3 à l'endroit, 1 rétrécie surjetée, 3 à l'endroit. Répétez depuis '. Et lorsque vous n'aurez plus que 6 mailles sur votre aiguille, terminez par 1 rétrécie, 3 à l'endroit, 1 rétrécie, 1 à l'endroit.

10ᵉ *tour.* A l'envers.

11e *tour*. 1 à l'endroit, 1 rétrécie, 2 à l'endroit ; * 1 augmentée, 1 rétrécie, 1 augmentée, 1 rétrécie, 1 augmentée, 1 à l'endroit, 1 augmentée, 1 rétrécie, 1 augmentée, 1 rétrécie, 1 augmentée, 3 à l'endroit, 1 rétrécie surjetée, 3 à l'endroit. Répétez depuis *. Lorsqu'il ne restera plus que 5 mailles sur l'aiguille, terminez par 1 augmentée, 2 à l'endroit, 1 rétrécie, 1 à l'endroit.

12e *tour*. A l'envers.

13e *tour*. 1 à l'endroit, 1 rétrécie, 1 à l'endroit, * 1 augmentée, 1 rétrécie, 1 augmentée, 1 rétrécie, 1 augmentée, 5 à l'endroit, 1 augmentée, 1 rétrécie, 1 augmentée, 1 rétrécie, 1 augmentée, 1 à l'endroit, 1 rétrécie surjetée, 1 à l'endroit. Répétez depuis *. Lorsque vous n'aurez plus que 4 mailles sur l'aiguille, terminez par 1 augmentée, 1 à l'endroit, 1 rétrécie, 1 à l'endroit.

14e *tour*. A l'envers.

15e *tour*. 1 à l'endroit, 1 rétrécie, * 1 augmentée, 1 rétrécie, 1 augmentée, 1 rétrécie, 1 augmentée, 7 à l'endroit, 1 augmentée, 1 rétrécie, 1 augmentée, 1 rétrécie, 1 augmentée, 1 rétrécie surjetée. Répétez depuis *. Lorsqu'il ne restera plus que 5 mailles sur l'aiguille, terminez par 1 augmentée, 1 rétrécie, 1 à l'endroit.

16e *tour*. A l'envers.

Recommencez au premier tour.

RIDEAUX. — DEUXIÈME MODÈLE. -- TRICOT FEUILLES DE ROSE.

Aiguilles en buis n° 6 ; coton d'Écosse n° 50.

Montez un nombre de mailles divisibles par 12, ajoutez 5 mailles pour les 2 lisières.

*1er tour. A l'endroit.* 1 maille unie, ' 1 à l'envers, 1 rétrécie, 3 unies, 1 augmentée, 1 unie, 1 augmentée, 3 unies, 1 rétrécie. Répétez depuis *. Lorsque vous n'aurez plus que 7 mailles sur votre aiguille, terminez par 1 augmentée, 3 unies, 1 rétrécie, 1 à l'envers, 1 unie.

*2e tour. A l'envers.* 1 maille unie à l'envers, ' 1 à l'endroit, 1 rétrécie, 2 unies, 1 augmentée, 5 unies, 1 augmentée, 2 unies, 1 rétrécie. Répétez depuis*. Terminez par 1 augmentée, 1 unie, 1 rétrécie. 1 à l'envers, 1 unie.

*3e tour. A l'endroit.* 1 maille unie, ' 1 à l'envers, 1 rétrécie, 1 unie, 1 augmentée, 5 unies, 1 augmentée, 1 unie, 1 rétrécie. Répétez depuis *. Terminez par 1 augmentée, 1 unie, 1 rétrécie, 1 à l'envers, 1 unie.

*4e tour. A l'envers.* 1 unie, * 1 à l'endroit, 1 rétrécie, 1 augmentée, 7 unies, 1 augmentée, 1 rétrécie. Répétez depuis *. Terminez par 1 augmentée, 1 rétrécie, 1 à l'endroit, 1 unie.

*5e tour. A l'endroit.* 1 augmentée, 1 double rétrécie surjetée, 1 augmentée, 9 unies. Répétez.

*6e tour. A l'envers.* 1 augmentée, 2 mailles unies, ' 1 augmentée, 2 unies, 1 rétrécie, 1 l'endroit, 1 rétrécie, 2 unies, 1 augmentée, 3 unies. Répétez depuis *. Terminez par 1 augmentée, 3 unies.

7e *tour.* A *l'endroit.* 4 unies, * 1 augmentée, 1 unie, 1 rétrécie, 1 à l'envers, 1 rétrécie, 1 unie, 1 augmentée, 5 unies. Répétez depuis *. Terminez par 1 augmentée, 4 unies.

8e *tour.* A *l'envers.* 5 mailles unies, * 1 augmentée, 1 rétrécie, 1 à l'endroit, 1 rétrécie, 1 augmentée, 7 unies. Répétez depuis *. Terminez par 1 augmentée, 5 unies.

9e *tour.* A *l'endroit.* 6 unies, * 1 augmentée, 1 double rétrécie surjetée, 1 augmentée, 9 unies. Répétez depuis *. Terminez par 1 augmentée, 6 unies.

Le neuvième tour fini, recommencez par le deuxième; le premier ne doit se faire que pour commencer.

Ce point est très-joli pour rideaux et courte-pointe de berceau d'enfant, voile de fauteuil, et une foule d'autres objets.

## RIDEAUX. — TROISIÈME MODÈLE. — TRICOT DE BERLIN.

Aiguilles en buis n° 6 ; coton d'Écosse n° 50.

Montez un nombre de mailles divisibles par 4.

1er *tour.* 2 mailles unies, 1 augmentée, 1 rétrécie. Répétez. Terminez par 1 augmentée, 1 rétrécie.

2e *tour.* 2 à l'envers, 1 augmentée, 1 rétrécie à l'envers. Répétez. Terminez par 1 augmentée, 1 rétrécie à l'envers.

Faites 8 tours de même, 4 à l'endroit et 4 à l'envers.

9<sup>e</sup> *tour.* 4 unies, * 1 augmentée, 1 rétrécie, 2 unies. Répétez depuis *. Terminez par 1 augmentée, 1 rétrécie, 2 unies.

10<sup>e</sup> *tour.* 4 à l'envers, * 1 augmentée, 1 rétrécie à l'envers, 2 à l'envers. Répétez depuis *. Terminez par 1 augmentée, 1 rétrécie à l'envers, 2 à l'envers.

Faites 8 tours de même, 4 à l'endroit et 4 à l'envers.

Recommencez par le premier tour.

Ce tricot, très-léger, est tout spécialement adapté aux rideaux et aux voiles de fauteuil.

## VOILES DE FAUTEUIL.

### PREMIER MODÈLE. — TRICOT QUEUE DE PAON.

Aiguilles en buis n° 4/0 ; coton d'Écosse n° 15.

Montez 166 mailles, 9 mailles pour chaque dessin et 2 pour chaque bord. Nous n'indiquerons pas les mailles du bord qui se font unies.

1<sup>er</sup> *tour.* 1 augmentée, 1 unie, répétez 5 fois, 1 augmentée, 2 unies, répétez depuis le commencement.

2<sup>e</sup> *tour.* 2 à l'envers, 11 unies, 2 à l'envers. Répétez.

3<sup>e</sup> *tour.* 1 rétrécie, 11 unies, 1 rétrécie, répétez.

4<sup>e</sup> *tour.* 1 rétrécie à l'envers, 9 à l'envers, 1 rétrécie à l'envers, répétez.

5e *tour*, 1 rétrécie, 7 unies, 1 rétrécie ; répétez.

6e *tour*. Tout à l'envers.

Recommencez au premier tour.

Continuez jusqu'à ce que le voile de fauteuil se trouve assez long.

Ce point est également bien adapté pour courte-pointe en laine ou en coton.

15 mailles suffisent pour la largeur d'une bande.

DEUXIÈME MODÈLE POUR VOILE DE FAUTEUIL. — TRICOT POINT DE RIZ.

Aiguilles en buis nº 4/0 ; coton d'Écosse nº 15.

Montez un nombre de mailles divisibles par 6, ajoutez 5 de plus pour les deux lisières.

10.

1er *tour.* 2 mailles unies, * 1 rétrécie surjetée, 1 unie, 1 rétrécie, 1 augmentée, 1 unie ; répétez depuis *. Terminez par 1 augmentée, 2 unies.

2e *tour.* Tout à l'envers.

3e *tour.* 3 mailles unies, * 1 augmentée, 1 double rétrécie surjetée, 1 augmentée, 3 unies. Répétez depuis * ; terminez par 1 augmentée, 3 unies.

4e *tour.* Tout à l'envers.

5e *tour.* 2 unies, 1 rétrécie, * 1 augmentée, 1 unie, 1 rétrécie surjetée, 1 unie, 1 rétrécie ; répétez depuis * ; terminez par 1 rétrécie surjetée, 2 unies. .

6e *tour.* Tout à l'envers.

7e *tour.* 1 maille unie, 1 rétrécie, 1 augmentée, 3 unies, 1 augmentée, 1 double rétrécie surjetée ; répétez depuis * ; terminez par 1 rétrécie surjetée, 1 unie.

8e *tour.* Tout à l'envers.

Recommencez par le premier tour.

Ce tricot est aussi très-convenable pour rideaux, couverture de berceau, et beaucoup d'autres objets.

TROISIÈME MODÈLE POUR VOILE DE FAUTEUIL. — TRICOT GERBE.

Aiguilles en buis no 6 ; coton d'Écosse no 15.

Montez un nombre de mailles divisibles par 18, ajoutez 4 mailles pour les deux lisières.

1er *tour.* 2 mailles unies, 1 augmentée, 3 rétrécies à l'envers * ;

laissez le fil sur l'aiguille, 1 unie, passez le fil en dessus de l'aiguille avant 5 mailles que vous tricoterez à l'endroit, 1 augmentée, 6 rétrécies à l'envers ; répétez depuis * ; terminez par 1 augmentée, 3 rétrécies à l'envers, 2 unies.

2e *tour.* Tout à l'envers.

3e *tour.* Tout à l'endroit.

4e *tour.* Tout à l'envers.

Recommencez par le premier tour.

Ce tricot peut aussi servir pour rideaux, courte-pointes, etc.

## DESSUS DE TABLE DE TOILETTE.

Aiguilles en buis no 1 ; coton mouliné 7 fils no 10.

Montez 198 mailles ; il y aura trois mailles unies au bout de chaque tour, qui ne sont pas comptées dans le dessin.

1er *tour.* 1 rétrécie, 1 augmentée, 1 rétrécie, 1 augmentée, 4 unies. Répétez.

2e *tour.* A l'envers.

3e *tour.* 2 unies, 1 augmentée, 2 rétrécies , 1 augmentée, 1 unie. Répétez.

4e *tour.* A l'envers.

5e *tour.* 3 unies, 1 augmentée, 1 rétrécie, 1 augmentée, 1 rétrécie. Répétez.

6e *tour.* A l'envers.

7e *tour.* 4 unies, 1 augmentée, 1 rétrécie, 1 augmentée, 1 rétrécie. Répétez.

8e *tour.* A l'envers.

9e *tour.* 2 unies, 1 rétrécie, 1 augmentée, 1 rétrécie, 1 augmentée, 2 unies. Répétez.

10e *tour.* A l'envers.

11e *tour.* 1 unie, 1 rétrécie, 1 augmentée, 1 rétrécie, 1 augmentée, 3 unies. Répétez.

12e *tour.* A l'envers.

Répétez les 12 tours jusqu'à ce que votre ouvrage soit d'une longueur suffisante pour couvrir la table et retomber jusqu'à terre. Entourez-le d'une dentelle au tricot et doublez en taffetas ou en percale glacée, bleue ou rose.

## COUVERTURE DE BERCEAU D'ENFANT.

Aiguilles en buis n° 8; laine de Saxe 5 fils.

Montez 42 mailles, avec la laine bleue.

1er *tour.* Tout à l'endroit.

2e *tour.* Tout à l'envers.

3e *tour.* Tout à l'endroit.

4e *tour.* 1 non tricotée, * 1 augmentée, 1 rétrécie. Répétez depuis * jusqu'à la fin du tour.

5° *tour.* Tout à l'envers.

Répétez deux fois ces deux derniers tours, vous aurez trois rangées de jours.

Répétez les trois premiers tours. Cela forme la bordure de la couverture.

13° *tour.* 1 non tricotée, 3 à l'envers, 1 augmentée, 1 rétrécie. Répétez 2 fois depuis *. Cela est pour la bordure qui doit encadrer la couverture.

Faites maintenant le *point étoile :* laissez le fil sur l'aiguille, 1 rétrécie, 2 unies, rabattez la maille rétrécie sur les deux unies, 1 augmentée, 3 unies ; rabattez la première sur les deux autres. Répétez ce point jusqu'à ce que vous n'ayez plus que 13 mailles sur votre aiguille. Alors, pour la bordure, faites : 3 à l'envers, 1 augmentée, 1 rétrécie. Répétez 2 fois depuis *. Terminez par 3 à l'envers, 1 unie.

14° *tour.* 1 non tricotée, 3 unies, 6 à l'envers, 3 unies. Changez de laine et tricotez toutes les mailles à l'envers, jusqu'à ce qu'il ne vous reste plus que 13 mailles ; 3 à l'endroit, 6 à l'envers, 4 unies.

Répétez ces deux derniers tours jusqu'à ce que vous ayez 90 tours de *point étoile.* Changez de laine à chaque tour à l'envers, mais faites toujours en bleu les 13 maillles de chaque côté pour la bordure.

Les 90 tours de *point étoile* terminés, répétez les douze premiers tours, pour former la bordure du bas. Rabattez vos mailles.

## BANDES POUR COURTES-POINTES.

On fait ces bandes en coton mouliné 7 fils, n° 10, avec des aiguilles d'acier, n° 10/0,
ou bien en laine de Saxe 10 fils et des aiguilles en buis n° 4.

Voici plusieurs points très-bien adaptés à ce genre d'ouvrage.

### N° 1. — POINT D'ARÊTES.

La première maille est toujours prise sans être tricotée, la dernière toujours unie.

Montez 26 ou 30 mailles pour la largeur d'une bande.

1<sup>er</sup> *tour.* 1 augmentée, 1 non tricotée, prise à l'envers, 1 unie, rabattez la maille non tricotée sur celle tricotée, 2 unies. Répétez.

2<sup>e</sup> *tour.* 1 augmentée, 1 rétrécie à l'envers, 2 à l'envers.

Répétez ces deux tours jusqu'à ce que votre bande soit d'une longueur suffisante.

Les bandes se cousent l'une à l'autre ou s'attachent par un point de crochet.

Si on fait la courte-pointe en laine, les bandes peuvent être alternées de blanc et de couleur.

### N° 2. — TRICOT NATTE.

Il faut trois aiguilles, dont l'une sert de moule. Montez 20 mailles sur une aiguille.

1er *tour*. Tout à l'endroit, en ne tricotant pas la première maille.

2e *tour*. 4 mailles unies (en comptant celle non tricotée). Prenez les 4 mailles qui suivent sur la troisième aiguille, mettez-les *en avant* de l'ouvrage, sans les tricoter. — 4 mailles unies. Puis les 4 mailles sur la 3e aiguille, unies ; mailles unies jusqu'à la fin du tour.

3e *tour*. Les 4 premières et les 4 dernières mailles, unies ; les 12 du milieu à l'envers.

4e *tour*. Tout à l'endroit.

5e *tour*. Comme le 3e.

6e *tour*. Tout à l'endroit, 8 unies. Prenez les 4 mailles suivantes sur la 3e aiguille et mettez-les *en arrière* de l'ouvrage, sans les tricoter.

Tricotez le 4 mailles qui suivent, puis les 4 mailles prises à part sur la 3e aiguille ; mailles unies jusqu'à la fin du tour.

7e *tour*. Comme le 3e.

8e *tour*. Tout à l'endroit.

9e *tour*. Comme le 3e.

10e *tour*. Comme le 2e, et ainsi de suite.

Ce tricot, en bandes de 20 mailles de largeur, alternées de deux couleurs, forme de très-belles courtes-pointes en laine.

### N° 3. — POINT DE SPIRALE.

Ce point se reproduit beaucoup mieux en grosse laine qu'en coton. On en fait des bandes alternativement larges et étroites.

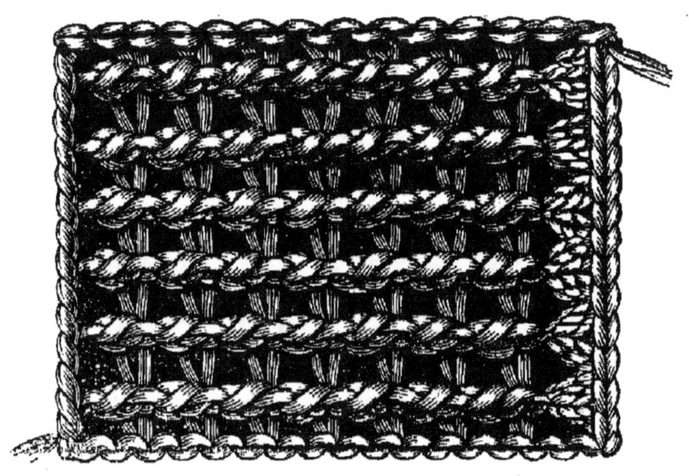

Pour les bandes larges, montez 24 mailles, pour les bandes étroites 15, sans compter la maille non tricotée du commencement et la maille unie du bout.

1ᵉʳ *tour*. Tout à l'envers en prenant toujours 3 mailles ensemble.

2ᵉ *tour*. 1 augmentée, * 1 unie, 2 augmentées. Répétez depuis * ; terminez par 1 augmentée.

## N° 4. — POINT NOUÉ.

Montez 11 mailles pour la largeur d'une bande.

1<sup>er</sup> *tour*. Tout à l'endroit en passant 5 fois le fil sur l'aiguille à chaque maille.

2<sup>e</sup> *tour*. Chaque maille que vous avez sur l'aiguille se compose de trois brins de fil ; tricotez le premier à l'endroit, le second à l'envers, le troisième à l'endroit. Vous aurez fait trois mailles ; rabattez la seconde sur la troisième, il vous en restera deux ; rabattez la première sur la seconde ; vous n'en aurez plus qu'une.

Continuez de même jusqu'au bout du tour. Répétez le premier, et ainsi de suite jusqu'à ce que la bande soit d'une longueur suffisante.

Ce point est très-nouveau et fait un fort joli effet en laine 10 fils. On en compose de charmantes bordures.

## N° 5. — POINT DE COLONNES.

Ce point peut se faire en laine ou en coton.

Montez 14 mailles pour la largeur d'une bande.

1er *tour*. 1 augmentée, 3 unies, rabattez la première sur les deux autres.

2e *tour*. 1 augmentée, 3 à l'envers, rabattez la première sur les deux autres.

## N° 6. — POINT A JOURS OU TRICOT PRINCESSE.

Montez un nombre pair de mailles.

1er *tour*. 1 augmentée, 1 rétrécie à l'endroit.

2e *tour*. 1 augmentée, 1 rétrécie à l'envers.

Ce point, formé de jours, fait très-bon effet alterné avec des bandes de tricot natte, de tricot queue de paon ou autre point mat. On exécute ainsi non-seulement des courtes-pointes, mais des rideaux, des voiles de fauteuils, des dessus d'édredon, etc.

## POINTS DIVERS POUR DESSUS DE COUSSINS, COUVRE-PIEDS, TAPIS, ETC.

### Nº 1. — TRICOT DOUBLE.

Montez un nombre pair de mailles.

1ᵉʳ *tour.* 1 augmentée, 1 non tricotée, prise à l'envers, passez la laine en arrière, tricotez 1 maille à l'endroit en passant deux fois la laine sur l'aiguille.

2ᵉ *tour.* 1 augmentée, prenez la double maille sans la tricoter et comme une seule maille, passez la maille en arrière, tricotez la maille suivante en passant deux fois la laine sur l'aiguille.

Répétez ce dernier tour seulement, en prenant toujours la maille double sans la tricoter.

Ce tricot, forme un tissu tout à fait double, très-chaud et doux. On peut en faire non-seulement des coussins, mais des couvertures, des châles et des écharpes.

### Nº 2. — TRICOT ANGLAIS.

Montez un nombre de mailles divisible par trois.

1ᵉʳ *tour.* 1 rétrécie, 1 augmentée, 1 maille prise sans être tricotée à l'envers.

2ᵉ *tour.* 1 rétrécie, c'est-à-dire la maille augmentée et la maille non tricotée du tour précédent tricotées ensemble, à l'envers, 1 augmentée, 1 maille non tricotée.

Répétez ces deux tours en les alternant.

### N° 3. — TRICOT TUNISIEN.

Ce tricot offre tout à fait le même aspect que le crochet tunisien. Il est très-convenable pour coussin, on peut broder par-dessus au point de tapisserie. On ne tricote jamais la première maille.

Montez un nombre pair de mailles.

1<sup>er</sup> *tour.* Tricotez toujours deux mailles ensemble *en dedans,* c'est-à-dire en plaçant l'aiguille comme si vous alliez tricoter à l'envers et en passant le fil comme si vous tricotiez à l'endroit.

2<sup>e</sup> *tour.* Prenez chaque maille en dedans et à l'endroit sans la tricoter, et faites une augmentée, en jetant le fil autour de l'aiguille entre chaque maille.

Répétez ces deux tours en les alternant.

### N° 4. — TRICOT POINT DE TAPISSERIE.

Ce tricot, ainsique son nom l'indique, fait à peu près le même effet qu'un point croisé sur canevas. Il est très-joli en laine de plusieurs couleurs. On change alors de laine à tous les deux tours.

Montez un nombre impair de mailles. Pour un coussin on monte ordinairement 91.

1ᵉʳ *tour*. 1 unie, passez la laine devant, 1 prise sans tricoter, à l'envers, repassez la laine en arrière, sur la maille non tricotée; répétez, vous devez finir par 1 unie.

2ᵉ *tour*. 2 à l'envers, ' passez la laine en arrière, 1 prise sans tricoter, à l'endroit, passez la laine par devant, 1 à l'envers ; répétez depuis; * vous finirez par une maille non tricotée que vous tricoterez au tour suivant.

## N° 5. — POINT DE BRIOCHE ALLEMAND OU POINT GLACÉ.

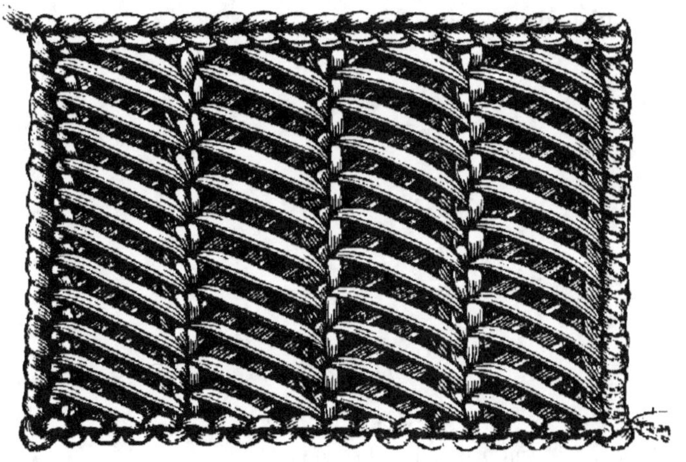

Montez un nombre pair de mailles.

1 non tricotée prise à l'envers, 1 augmentée, 1 rétrécie.

Tous les tours sont semblables. Aux tours suivants, il faut toujours prendre la maille augmentée sans la tricoter, et tricoter la maille rétrécie avec la maille non tricotée.

### N° 6. — POINT DE BRIOCHE.

Ce point bien connu est utile pour une foule d'usages, on le reproduit généralement en laine

Montez un nombre pair de mailles.

1 augmentée, 1 non tricotée, 1 rétrécie, répétez.

Tous les tours sont semblables.

La maille augmentée et la maille non tricotée doivent toujours se tricoter ensemble, et la maille rétrécie se prend sans être tricotée au tour suivant.

---

## DESSUS DE PELOTE.

Aiguilles en acier n° 1; fil d'Irlande n° 120.

Montez 9 mailles; 3 sur chacune de 3 aiguilles, et tricotez un tour uni pour former le rond.

1er *tour.* 1 augmentée, 1 unie; répétez.

2e *tour.* 1 augmentée, 2 unies; répétez.

3e *tour.* 1 augmentée, 3 unies; répétez.

4e *tour.* 1 augmentée; 4 unies; répétez.

5e *tour.* 1 augmentée, 5 unies; répétez.

6e *tour.* 1 augmentée, 6 unies; répétez.

7<sup>e</sup> *tour*. 1 augmentée, 7 unies ; répétez.

8<sup>e</sup> *tour*. 1 augmentée, 1 unie, 1 augmentée, 1 rétrécie, 4 unies ; répétez.

9<sup>e</sup> *tour*. 1 augmentée, 5 unies, 1 augmentée, 1 rétrécie, 2 unies ; répétez.

10<sup>e</sup> *tour*. 1 augmentée, 5 unies, 1 augmentée, 1 rétrécie, 1 unie ; répétez.

11<sup>e</sup> *tour*. 1 augmentée, 7 unies, 1 augmentée, 1 rétrécie ; répétez.

12<sup>e</sup> *tour*. 1 augmentée, 1 unie, 1 augmentée, 7 unies, 1 rétrécie ; répétez.

13<sup>e</sup> *tour*. 1 augmentée, 1 unie, 1 augmentée, 1 unie, 1 augmentée, 1 unie, 1 augmentée, 6 unies, 1 rétrécie.

14<sup>e</sup> *tour*. 1 augmentée, 5 unies, 1 augmentée, 1 unie, 1 augmentée, 5 unies, 1 augmentée, 5 unies ; répétez.

15<sup>e</sup> *tour*. 1 augmentée, 1 unie, 1 augmentée, 1 double rétrécie surjetée, 1 augmentée, 5 unies, 1 augmentée, 1 double rétrécie surjetée, 1 augmentée, 1 unie, 1 augmentée, 5 unies, 1 rétrécie ; répétez.

16<sup>e</sup> *tour*. 1 augmentée, 5 unies, 1 augmentée, 1 unie, 1 augmentée, 1 rétrécie, 1 unie, 1 rétrécie, 1 augmentée, 1 unie, 1 augmentée, 5 unies ; répétez.

17<sup>e</sup> *tour*. 1 augmentée, 1 rétrécie, 1 unie, 1 rétrécie, 1 augmentée, 1 unie, 1 augmentée, 1 rétrécie, 1 unie, 1 rétrécie, 1 augmentée, 1 unie, 1 augmentée, 1 rétrécie, 2 unies, 1 rétrécie ; répétez.

18<sup>e</sup> *tour*. 1 augmentée, 1 unie, 1 augmentée, 1 double rétrécie surjetée, 1 augmentée, 5 unies, 1 augmentée, 1 double rétrécie surjetée, 1 augmentée, 3 unies, 1 augmentée, 1 double rétrécie surjetée, 1 unie, 1 augmentée, 1 rétrécie ; répétez.

Faites trois tours unis, un peu lâchement et rabattez.

Ajoutez une petite dentelle tout autour.

## BOURSE LONGUE.

2 écheveaux de cordonnet jaune d'or, 2 écheveaux de cordonnet bleu, 3 masses de perles en acier ; aiguilles en acier n° 1/0.

Enfilez un certain nombre de perles sur le cordonnet jaune.

Montez 110 mailles pour la longueur de la bourse.

1er tour. Tricotez à l'endroit en faisant glisser une perle dans chaque maille.

2e tour. Tout à l'endroit, sans perles.

3e tour. Semblable au premier.

Répétez le 2e et le 3e tours encore trois fois.

Attachez la soie bleue.

1er tour. 1 unie, * 1 augmentée, 1 unie, 1 augmentée, 1 rétrécie, 1 unie, 1 rétrécie ; répétez depuis * ; terminez par 1 unie.

2e tour. Tout à l'envers.

3e tour. 1 unie, * 1 augmentée, 3 unies, 1 augmentée, 1 double rétrécie surjetée ; répétez depuis * ; terminez par 1 unie.

4e tour. Tout à l'envers.

5e tour. 1 unie, * 1 rétrécie, 1 unie, 1 rétrécie, 1 augmentée,

1 unie, 1 augmentée ; répétez depuis * ; terminez par 1 augmentée, 1 unie.

6e *tour*. Tout à l'envers.

7e *tour*. 1 unie, * 1 double rétrécie surjetée ; 1 augmentée, 5 unies, 1 augmentée ; répétez depuis * ; terminez par 1 augmentée, 1 unie.

8e *tour*. Tout à l'envers.

Recommencez au premier tour de soie bleue et continuez jusqu'au huitième ; faites ensuite un tour tout uni en soie jaune et recommencez au premier tour de soie jaune.

Alternez les rayures de chaque couleur, jusqu'à ce que vous en ayez complété cinq de chaque ; rabattez vos mailles, pliez votre bourse dans le sens de sa longueur et fermez-la par un point de couture, en laissant 55 mailles pour l'ouverture ; froncez les deux bouts et ajoutez deux glands et deux anneaux dorés.

## DENTELLES

POUR GARNIR LES RIDEAUX , VOILES DE FAUTEUILS , COURTES-POINTES, ETC.

### No 1.

Montez 52 mailles.

1er *tour*. 1 non tricotée, 2 à l'endroit, 1 augmentée, 1 rétrécie surjetée, 1 à l'endroit, 2 augmentées, 1 double rétrécie surjetée, 2 augmentées, 1 double rétrécie surjetée, 2 augmentées, 1 double rétrécie surjetée, 2 augmentées, 1 double rétrécie surjetée, 2 augmentées, 1 double rétrécie surjetée, 2 augmentées, 1 double rétrécie surjetée, 2 à l'endroit.

2e *tour*. 1 augmentée, 1 rétrécie, 1 à l'endroit, 1 à l'envers, 3 à l'endroit, 1 augmentée, 1 rétrécie surjetée, * 2 à l'envers, 1 à l'endtoit ; répétez 5 fois depuis * ; 1 à l'envers, 2 à l'endroit, 1 augmentée, 1 rétrécie surjetée, 1 à l'envers.

3e *tour*. 1 non tricotée, 2 à l'endroit, 1 augmentée, 1 rétrécie surjetée, 2 à l'endroit, * 2 augmentées, 1 double rétrécie surjetée ; répétez 5 fois depuis * ; 1 à l'endroit, 1 augmentée, 1 rétrécie surjetée, 5 à l'endroit.

4e *tour*. 1 augmentée, 1 rétrécie, 5 à l'endroit, 1 augmentée, 1 rétrécie surjetée, 1 à l'envers, 1 à l'endroit, * 2 à l'envers, 1 à l'endroit; répétez 5 fois depuis * ; 1 augmentée, 1 rétrécie surjetée, 1 à l'envers.

5e *tour*. 1 non tricotée, 2 à l'endroit, 1 augmentée, 1 rétrécie surjetée, 19 à l'envers, 2 à l'endroit, 1 augmentée, 1 rétrécie surjetée, 1 à l'endroit, 1 rétrécie, 2 augmentées, 2 à l'endroit.

6e *tour*. 1 augmentée, 1 rétrécie, 1 à l'endroit, 1 à l'envers, 4 à l'endroit, 1 augmentée, 1 rétrécie surjetée, 19 à l'envers, 2 à l'endroit, 1 augmentée, 1 rétrécie surjetée, 1 à l'envers.

7e *tour*. 1 non tricotée, 2 à l'endroit, 1 augmentée, 1 rétrécie surjetée, 21 à l'endroit, 1 augmentée, 1 rétrécie surjetée, 6 à l'endroit.

8e *tour*. 1 non tricotée, 1 rétrécie, 6 à l'endroit, 1 augmentée, 1 rétrécie surjetée, 21 à l'endroit, 1 non tricotée, 1 rétrécie surjetée, 1 à l'envers.

9e *tour.* 1 augmentée, 2 à l'endroit, 1 augmentée, 1 rétrécie surjetée, 1 à l'endroit,* 1 augmentée, 1 rétrécie surjetée ; répétez 8 fois depuis* ; 2 à l'endroit, 1 augmentée, 1 rétrécie surjetée, 1 rétrécie, 2 augmentées, 1 rétrécie, 2 augmentées, 2 à l'endroit.

10e *tour.* 1 augmentée, 1 rétrécie, 1 à l'endroit, 1 à l'envers, 2 à l'endroit, 1 à l'envers, 3 à l'endroit, 1 augmentée, 1 rétrécie surjetée, 19 à l'envers, 2 à l'endroit, 1 augmentée, 1 rétrécie surjetée, 1 à l'envers.

11e *tour.* 1 non tricotée, 2 à l'endroit, * 1 augmentée, 1 rétrécie surjetée. Répétez 9 fois depuis *, 3 à l'endroit, 1 augmentée, 1 rétrécie surjetée, 8 à l'endroit.

12e *tour.* 1 augmentée, 1 rétrécie, 8 à l'endroit, 1 augmentée, 1 rétrécie surjetée, 19 à l'envers, 2 à l'endroit, 1 augmentée, 1 rétrécie surjetée, 1 à l'envers,

13e *tour.* 1 non tricotée, 2 à l'endroit, 1 augmentée, 1 rétrécie surjetée, 1 à l'endroit, * 1 augmentée, 1 rétrécie surjetée ; répétez 8 fois depuis*.

14e *tour.* 1 augmentée, 1 rétrécie, 2 à l'endroit, 1 à l'envers, 1 à l'endroit, 1 rétrécie, 2 à l'endroit, 1 augmentée, 1 rétrécie surjetée, 19 à l'envers, 2 à l'endroit, 1 augmentée, 1 rétrécie surjetée, 1 à l'envers.

15e *tour.* 1 non tricotée, 2 à l'endroit,* 1 augmentée, 1 rétrécie surjetée ; répétez 10 fois depuis* ; 1 à l'endroit, 1 augmentée, 1 rétrécie surjetée, 1 rétrécie, 5 à l'endroit.

16e *tour.* 1 augmentée, 1 rétrécie, 6 à l'endroit, 1 augmentée, 1 rétrécie surjetée, 19 à l'envers, 2 à l'endroit, 1 augmentée, 1 rétrécie surjetée, 1 à l'envers.

17e *tour.* 1 non tricotée, 2 à l'endroit, 1 augmentée, 1 rétrécie surjetée, 20 à l'envers, 1 à l'endroit, 1 augmentée, 1 rétrécie surjetée, 1 rétrécie, 2 augmentées, rétrécie surjetée, 2 à l'endroit.

18e *tour.* 1 augmentée, 1 rétrécie, 2 à l'endroit, 1 à l'envers, 1 rétrécie, 1 à l'endroit, 1 augmentée, 1 rétrécie, 19 à l'envers, 2 à l'endroit, 1 augmentée, 1 rétrécie surjetée, 1 à l'envers.

19e *tour.* 1 non tricotée, 2 à l'endroit, 1 augmentée, 1 rétrécie surjetée, 21 à l'endroit, 1 augmentée, 1 rétrécie surjetée, 1 rétrécie, 3 à l'endroit.

20e *tour.* 1 augmentée, 1 rétrécie, 4 à l'endroit, 1 augmentée, 1 rétrécie surjetée, 21 à l'endroit, 1 augmentée, 1 rétrécie surjetée, 1 à l'envers.

Du vingt et unième au vingt-huitième tour, inclusivement, on tricote comme du premier au huitième, puis on continue comme il suit :

29e *tour.* 1 non tricotée, 2 à l'endroit, 1 augmentée, 1 rétrécie surjetée ; * 1 rétrécie, 1 augmentée ; répétez 8 fois depuis * ; 3 à l'endroit, 1 augmentée, 1 rétrécie surjetée, 1 rétrécie, 2 augmentées, 1 rétrécie, 2 augmentées, 2 à l'endroit.

30e *tour.* 1 augmentée, 1 rétrécie, 1 à l'endroit, 1 à l'envers, 2 à l'endroit, 1 à l'envers, 3 à l'endroit, 1 augmentée, 1 rétrécie surjetée, 19 à l'envers, 2 à l'endroit, 1 augmentée, 1 rétrécie surjetée, 1 à l'envers.

51e *tour*. 1 non tricotée, 2 à l'endroit, 1 augmentée, 1 rétrécie surjetée, 1 à l'endroit ; * 1 rétrécie, 1 augmentée ; répétez 8 fois depuis * ; 2 à l'endroit, 1 augmentée, 1 rétrécie surjetée, 8 à l'endroit.

52e *tour*. 1 augmentée, 1 rétrécie, 8 à l'endroit, 1 augmentée, 1 rétrécie surjetée, 19 à l'envers, 2 à l'endroit, 1 augmentée, 1 rétrécie surjetée, 1 à l'envers.

53e *tour*. 1 non tricotée, 2 à l'endroit, 1 augmentée, 1 rétrécie surjetée ; * 1 rétrécie, 1 augmentée ; répétez 8 fois depuis * ; 3 à l'endroit, 1 augmentée, 1 rétrécie surjetée, 2 à l'endroit, 1 rétrécie, 2 augmentées, 1 rétrécie surjetée, 2 à l'endroit.

54e *tour*. 1 augmentée, 1 rétrécie, 2 à l'endroit, 1 à l'envers. 1 à l'endroit, 1 rétrécie, 2 à l'endroit, 1 augmentée, 1 rétrécie surjetée, 19 à l'envers, 2 à l'endroit, 1 augmentée, 1 rétrécie surjetée, 1 à l'envers.

55e *tour*. 1 non tricotée, 2 à l'endroit, 1 augmentée, 1 rétrécie surjetée, 1 à l'endroit ; * 1 rétrécie, 1 augmentée ; répétez 8 fois depuis * ; 2 à l'endroit, 1 augmentée, 1 rétrécie surjetée, 1 rétrécie, 5 à l'endroit.

56e *tour*. 1 augmentée, 1 rétrécie, 6 à l'endroit, 1 augmentée, 1 rétrécie surjetée, 19 à l'envers, 2 à l'endroit, 1 augmentée, 1 rétrécie surjetée, 1 à l'envers.

57e *tour*. 1 non tricotée, 2 à l'endroit, 1 augmentée, 1 rétrécie surjetée, 20 à l'envers, 1 à l'endroit, 1 augmentée, 1 rétrécie surjetée, 1 rétrécie, 2 augmentées, 1 rétrécie surjetée, 2 à l'endroit.

**58e *tour*.** 1 augmentée, 1 rétrécie, 2 à l'endroit, 1 à l'envers, 1 rétrécie, 1 à l'endroit, 1 augmentée, 1 rétrécie surjetée, 19 à l'envers, 2 à l'endroit, 1 augmentée, 1 rétrécie surjetée, 1 à l'envers.

**39e *tour*.** 1 non tricotée, 2 à l'endroit, 1 augmentée, 1 rétrécie surjetée, 21 à l'endroit, 1 augmentée, 1 rétrécie surjetée, 1 rétrécie, 3 à l'endroit.

**40e *tour*.** 1 augmentée, 1 rétrécie, 4 à l'endroit, 1 augmentée, 1 rétrécie surjetée, 21 à l'endroit, 1 augmentée, 1 rétrécie surjetée, 1 à l'envers.

## DENTELLE N° 2.

**Montez 21 mailles.**

**1er *tour*.** 3 mailles unies, 1 augmentée, 1 rétrécie, 1 unie, 1 augmentée, 1 rétrécie, 1 unie, 1 augmentée, 1 rétrécie, 2 unies, 1 augmentée, 1 rétrécie, 1 augmentée, 1 rétrécie, 1 augmentée, 1 rétrécie, 1 augmentée, 2 unies.

**2e *tour*.** 1 augmentée, 1 rétrécie à l'envers, 11 unies, 1 augmentée, 1 rétrécie, 1 unie, 1 augmentée, 1 rétrécie, 1 unie, 1 augmentée, 1 rétrécie, 1 unie.

**3e *tour*.** 3 unies, 1 augmentée, 1 rétrécie, 1 unie, 1 augmentée, 1 rétrécie, 1 unie, 1 augmentée, 1 rétrécie, 3 unies, 1 augmentée, 1 rétrécie, 1 augmentée, 1 rétrécie, 1 augmentée, 1 rétrécie, 1 augmentée, 2 unies.

**4e *tour*.** 1 augmentée, 1 rétrécie à l'envers, 12 unies, 1 augmentée, 1 rétrécie, 1 unie, 1 augmentée, 1 rétrécie, 1 unie, 1 augmentée, 1 rétrécie, 1 unie.

5ᵉ *tour*. 3 unies, 1 augmentée, 1 rétrécie, 1 unie, 1 augmentée, 1 rétrécie, 1 unie, 1 augmentée, 1 rétrécie, 4 unies, 1 augmentée, 1 rétrécie, 1 augmentée, 1 rétrécie, 1 augmentée, 1 rétrécie, 1 augmentée, 2 unies.

6ᵉ *tour*. 1 augmentée, 1 rétrécie à l'envers, 13 unies, 1 augmentée, 1 rétrécie, 1 unie, 1 augmentée, 1 rétrécie, 1 unie, 1 augmentée, 1 rétrécie, 1 unie.

7ᵉ *tour*. 3 unies, 1 augmentée, 1 rétrécie, 1 unie, 1 augmentée, 1 rétrécie, 1 unie, 1 augmentée, 1 rétrécie, 5 unies, 1 augmentée, 1 rétrécie, 1 augmentée, 1 rétrécie, 1 augmentée, 1 rétrécie, 1 augmentée, 2 unies.

8ᵉ *tour*. 1 augmentée, 1 rétrécie à l'envers, 14 unies, 1 augmentée, 1 rétrécie, 1 unie, 1 augmentée, 1 rétrécie, 1 unie, 1 augmentée, 1 rétrécie, 1 unie.

9ᵉ *tour*. 3 unies, 1 augmentée, 1 rétrécie, 1 unie, 1 augmentée, 1 rétrécie, 1 unie, 1 augmentée, 1 rétrécie, 2 augmentée, 1 rétrécie, 2 unies, 1 augmentée, 1 rétrécie, 1 augmentées, 1 rétrécie, 1 augmentée, 1 rétrécie, 1 augmentée, 2 unies.

10ᵉ *tour*. 1 augmentée, 1 rétrécie à l'envers, 11 unies, 1 à l'envers, 3 unies, 1 augmentée, 1 rétrécie, 1 unie, 1 augmentée, 1 rétrécie, 1 unie, 1 augmentée, 1 rétrécie, 1 unie.

11ᵉ *tour*. 3 unies, 1 augmentée, 1 rétrécie, 1 unie, 1 augmentée, 1 rétrécie, 1 unie, 1 augmentée, 1 rétrécie, 2 unies, 1 rétrécie, 2 augmentées, 1 rétrécie, 1 unie, 1 augmentée,

1 rétrécie, 1 augmentée, 1 rétrécie, 1 augmentée, 1 rétrécie, 1 augmentée, 2 unies.

12e *tour*. 1 augmentée, 1 rétrécie à l'envers, 10 unies, 1 à l'envers, 5 unies, 1 augmentée, 1 rétrécie, 1 unie, 1 augmentée, 1 rétrécie, 1 unie, 1 augmentée, 1 rétrécie, 1 unie.

13e *tour*. 5 unies, 1 augmentée, 1 rétrécie, 1 unie, 1 augmentée, 1 rétrécie, 1 unie, 1 augmentée, 1 rétrécie, 2 augmentées, 1 rétrécie, 1 unie, 1 rétrécie, 1 augmentée, 1 rétrécie, 1 augmentée, 1 rétrécie, 1 augmentée, 1 rétrécie, 1 augmentée, 1 rétrécie, 1 unie.

14e *tour*. 1 augmentée, 1 rétrécie à l'envers, 11 unies, 1 à l'envers, 5 unies, 1 augmentée, 1 rétrécie, 1 unie, 1 augmentée, 1 rétrécie, 1 unie, 1 augmentée, 1 rétrécie, 1 unie.

15e *tour*. 5 unies, 1 augmentée, 1 rétrécie, 1 unie, 1 augmentée, 1 rétrécie, 1 unie, 1 augmentée, 1 rétrécie, 4 unies, 1 rétrécie, 1 augmentée, 1 rétrécie, 1 augmentée, 1 rétrécie, 1 augmentée, 1 rétrécie, 1 augmentée, 1 rétrécie, 1 unie.

16e *tour*. 1 augmentée, 1 rétrécie à l'envers, 14 unies, 1 augmentée, 1 rétrécie, 1 unie, 1 augmentée, 1 rétrécie, 1 unie, 1 augmentée, 1 rétrécie, 1 unie.

17e *tour*. 5 unies, 1 augmentée, 1 rétrécie, 1 unie, 1 augmentée, 1 rétrécie, 1 unie, 1 augmentée, 1 rétrécie, 3 unies, 1 rétrécie, 1 augmentée, 1 rétrécie, 1 augmentée, 1 rétrécie, 1 augmentée, 1 rétrécie, 1 augmentée, 1 rétrécie, 1 unie.

18e *tour*. 1 augmentée, 1 rétrécie à l'envers, 15 unies, 1 augmentée, 1 rétrécie, 1 unie, 1 rétrécie, 1 unie, 1 augmentée, 1 rétrécie, 1 unie.

19e *tour.* 5 unies, 1 augmentée, 1 rétrécie, 1 unie, 1 augmentée, 1 rétrécie, 1 unie, 1 augmentée, 1 rétrécie, 2 unies, 1 rétrécie, 1 augmentée, 1 rétrécie, 1 augmentée, 1 rétrécie, 1 augmentée, 1 rétrécie, 1 augmentée, 1 rétrécie, 1 unie.

20e *tour.* 1 augmentée, 1 rétrécie à l'envers, 12 unies, 1 augmentée, 1 rétrécie, 1 unie, 1 augmentée, 1 rétrécie, 1 unie 1 augmentée, 1 rétrécie, 1 unie.

21e *tour.* 5 unies, 1 augmentée, 1 rétrécie, 1 unie, 1 augmentée, 1 rétrécie, 1 unie, 1 augmentée, 1 retrécie, 1 unie, 1 rétrécie, 1 augmentée, 1 rétrécie, 1 augmentée, 1 rétrécie, 1 augmentée, 1 rétrécie, 1 augmentée, 1 rétrécie, 1 unie.

22e *tour.* 1 augmentée, 1 rétrécie à l'envers, 11 unies, 1 augmentée, 1 rétrécie, 1 unie, 1 augmentée, 1 rétrécie, 1 unie, 1 augmentée, 1 rétrécie, 1 unie.

23e *tour.* 5 unies, 1 augmentée, 1 rétrécie, 1 unie, 1 augmentée, 1 rétrécie, 1 unie, 1 augmentée, 1 rétrécie, 1 augmentée, 1 rétrécie, 1 augmentée, 1 rétrécie, 1 augmentée, 1 rétrécie, 1 augmentée, 1 rétrécie, 1 augmentée, 1 rétrécie, 1 unie.

24e *tour.* 1 augmentée, 1 rétrécie à l'envers, 10 unies, 1 augmentée, 1 rétrécie, 1 unie, 1 augmentée, 1 rétrécie, 1 unie, 1 augmentée, 1 rétrécie, 1 unie.

DENTELLE N° 5.

Montez 15 mailles.

1er *tour.* 5 mailles unies, 1 augmentée, 1 rétrécie, 1 unie,

1 augmentée, 1 rétrécie, 2 augmentées, 1 rétrécie, 2 augmentées, 1 rétrécie, 1 unie.

2e *tour.* 5 unies, 1 à l'envers, 2 unies, 1 à l'envers, 2 unies, 1 augmentée, 1 rétrécie, 1 unie, 1 augmentée, 1 rétrécie, 1 unie.

3e *tour.* 5 unies, 1 augmentée, 1 rétrécie, 1 unie, 1 augmentée, 1 rétrécie, 2 unies, 2 augmentées, 1 rétrécie, 2 augmentées, 1 rétrécie, 1 unie.

4e *tour.* 5 unies, 1 à l'envers, 2 unies, 1 à l'envers, 4 unies, 1 augmentée, 1 rétrécie, 1 unie, 1 augmentée, 1 rétrécie, 1 unie.

5e *tour.* 5 unies, 1 augmentée, 1 rétrécie, 1 unie, 1 augmentée, 1 rétrécie, 4 unies, 2 augmentées, 1 rétrécie, 2 augmentées, 1 rétrécie, 1 unie.

6e *tour.* 5 unies, 1 à l'envers, 2 unies, 1 à l'envers, 6 unies, 1 augmentée, 1 rétrécie, 1 unie, 1 augmentée, 1 rétrécie, 1 unie.

7e *tour.* 5 unies, 1 augmentée, 1 rétrécie, 1 unie, 1 augmentée, 1 rétrécie, 6 unies, 2 augmentées, 1 rétrécie, 2 augmentées, 1 rétrécie, 1 unie.

8e *tour.* 5 unies, 1 à l'envers, 2 unies, 1 à l'envers, 8 unies, 1 augmentée, 1 rétrécie, 1 unie, 1 augmentée, 1 rétrécie, 1 unie.

9e *tour.* 5 unies, 1 augmentée, 1 rétrécie, 1 unie, 1 augmentée, 1 rétrécie, 15 unies.

10e *tour.* Rabattez 8 mailles, 6 unies, 1 augmentée, 1 rétrécie, 1 unie, 1 augmentée, 1 rétrécie, 1 unie.

## FRANGE

POUR SERVIR DE GARNITURE AUX COURTES-POINTES, COUSSINS, ETC.

Commencez par couper un certain nombre de brins de coton ou de laine, suivant l'ouvrage que vous voulez garnir ; chaque brin doit mesurer 20 centimètres ; disposez-les trois par trois.

Montez 14 mailles.

1er *tour*. 1 non tricotée, 2 unies, 1 augmentée, 1 rétrécie, 1 unie, 1 augmentée, 1 rétrécie, 1 unie, 1 augmentée, 1 rétrécie ; prenez trois de vos brins de laine, pliez-les en deux et posez-les sur l'aiguille de droite ; 1 unie, jetez les 6 bouts de la frange sur l'aiguille, par devant, 1 unie ; rejetez les bouts de la frange en arrière et tricotez la dernière maille unie.

2e *tour*. 1 non tricotée, 2 unies, tricotez ensemble les six brins de la frange qui se trouvent sur l'aiguille, 2 unies, 1 augmentée, 1 rétrécie, 1 unie, 1 augmentée, 1 rétrécie, 1 unie, 1 augmentée, 1 rétrécie, 1 unie. Répétez ces deux tours en les alternant.

# TABLE DES MATIÈRES.

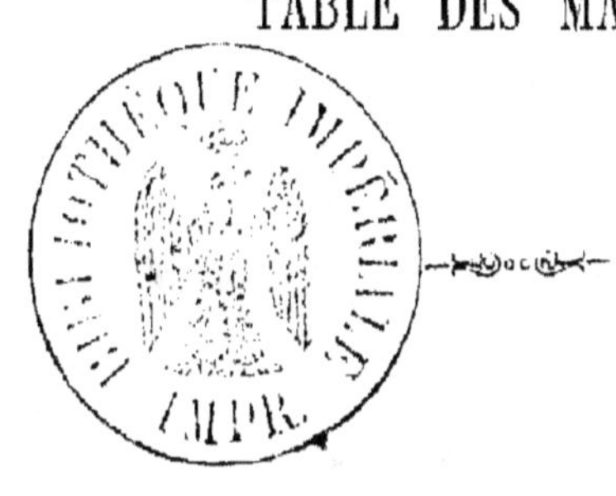

## TROISIÈME PARTIE. — RIDEAUX, COURTES-POINTES ET AUTRES OBJETS UTILES.

# TABLE DES ILLUSTRATIONS.

# JOURNAL DES DAMES

## ET DES

# DEMOISELLES

## ET BRODEUSE ILLUSTRÉE RÉUNIS.

### Guide complet de tous les Travaux de Dames.

**Texte illustré. — Travaux de Dames en tous genres.**
**Modes, par JULES DAVID.**

Ce Journal est sans contredit le plus complet, le mieux exécuté, et le plus apprécié dans les familles, autant pour sa rédaction intéressante, instructive et morale, que pour tous les objets d'un choix irréprochable qui composent sa publication.

## CONDITIONS D'ABONNEMENT.

**Le Journal des Dames et des Demoiselles** est divisé en deux éditions distinctes, qui diffèrent par le contenu comme par le prix.

La PREMIÈRE édition publie en une année : **12** cahiers de 64 colonnes de nouvelles, etc., choisis avec soin et richement illustrés; — **12** planches de modes gravées en taille-douce sur acier et coloriées à l'aquarelle d'après les dessins de JULES DAVID; — **2** grandes planches de confections d'été et d'hiver; — **4** albums de musique; — **6** tapisseries à la gouache et dessins imprimés en couleur; — **6** suppléments de travaux de fantaisie, au crochet, tricot et filet; — **12** feuilles immenses de broderies en tous genres; — **12** feuilles doubles de patrons de grandeur naturelle; — **Au moins quatre surprises** : aquarelles, sépias et autres objets d'art; — de nombreux travaux de CROCHET, TRICOT, FLEURS, CUIRS, PERLES, et tout ce qui occupe les loisirs de la famille; — de nombreux articles de MÉDECINE DOMESTIQUE, d'ÉCONOMIE DOMESTIQUE, service de table, recettes, etc., etc.

La DEUXIÈME édition contient le même texte, — 12 belles gravures de modes coloriées, — 4 tapisseries coloriées, — 4 feuilles de patrons imprimées des deux côtés — et 12 grandes feuilles de broderies variées.

*L'abonnement commence le 1er Novembre. — On ne s'abonne pas pour moins d'une année.*

**Le Journal est expédié le 5 de chaque mois.**

## PRIX DE L'ABONNEMENT ANNUEL :

| PREMIÈRE ÉDITION. | FR. C. | DEUXIÈME ÉDITION. | FR. C. |
|---|---|---|---|
| Pour Bruxelles. . . . . . . . | 12 » | Pour Bruxelles . . . . . . . | 8 50 |
| Pour la province (affranch¹ compris). | 13 » | Pour la province (affranch¹ compris). | 9 50 |

*Pour l'étranger, le prix varie selon les conventions postales.*

Bruxelles. — Typ. Lhuylant-Christophe et Cⁱᵉ, rue Blaes, 31.